FERRAMENTAS PRÁTICAS PARA SER LOUCAMENTE FELIZ

SUSANNA MITTERMAIER

AC P

Ferramentas Práticas para Ser Loucamente Feliz

ISBN: 978-1-63493-333-9 (impresso)
ISBN: 978-1-63493-334-6 (e-book)

Perguntas? Entre em contato:
Access Consciousness Publishing
406 Present Street
Stafford, TX 77477 USA

accessconsciousnesspublishing.com
admin@AccessConsciousnessPublishing.com

Design da Capa: Nita Ybarra
Tradução: Camila Sanchez Milagre
Revisão: Ivone Carvalho

Sumário

SUMÁRIO

Introdução

Escrever este livro foi uma jornada incrível e um prazer! Eu deveria dizer que foi um trabalho árduo e que demorei muito tempo. Eu estaria mentindo. Foi fácil e rápido. Assim como eu.

Estou apresentando a você o que sei e convidando você a descobrir o que sabe. E se você souber muito mais do que pensava sobre você e sobre como criar a vida que realmente gostaria? E se as coisas que você considera erradas e loucas e insanas forem exatamente as ferramentas para acessar sua felicidade e a alegria que você é? E se você começasse a comemorar a diferença que você é?

GRATIDÃO

M inha gratidão é enorme! Agradeço a Gary M. Douglas, o homem que continua reconhecendo quem eu sou e do que realmente sou capaz. Gratidão por estar e viver a maior realidade disponível neste planeta e por nunca desistir! Agradeço ao Dr. Dain Heer, o homem que me diverte na alegria e potência que eu sou e continua me lembrando de que minha realidade na verdade é de facilidade, alegria e glória. Mãe e pai, gratidão. Vocês são pessoas muito gentis! Ter vocês como pais é uma grande honra. Agradeço por me apoiarem a ser quem eu sou.

Agradeço a Joy Voeth, pelos seus serviços de publicação e pela alegria e facilidade de criar com você. E um agradecimento especial a todos os envolvidos na edição e *design*.

Gratidão aos leitores por considerarem melhores possibilidades para Vocês.

Aproveitem a leitura.

Aproveitem-se.

Susanna Mittermaier

PSICOLOGIA PRAGMÁTICA: FERRAMENTAS PRÁTICAS PARA SER LOUCAMENTE FELIZ

Agora é a hora de criar o mundo que sempre soubemos que era possível?

E se viver pudesse ser muito mais leve e mais fácil do que você pensou que poderia ser?

E se você pudesse se desapegar de todas as "coisas erradas" sobre você, toda a dúvida em relação a tudo que você não consegue alcançar, todos os julgamentos que possui de si mesmo e tornar-se consciente de quem você realmente é e do que realmente é capaz?

Agora é a hora de superar o peso do seu passado?

E se a Psicologia pudesse ser mais do que resolver problemas? E se a Psicologia pudesse empoderá-lo a ser tudo o que você é e a saber o que você sabe? E se a Psicologia pudesse abordar um futuro diferente e sustentável para você e todos nós?

Qual realidade nunca existiu antes e que agora você é capaz de gerar e criar para si e para o mundo?

Agora é a hora de aproveitar e usar a sua loucura para criar a vida que você deseja de verdade?

Agora é a hora para você ser loucamente feliz?

***

Engraçado, notei que comecei este livro escrevendo sobre a parte que deveria estar no final, o *grand finale*, convidando você para algo além das limitações que você pensava serem reais; um mundo diferente. Eu acho que se você escolheu este livro, você está pedindo algo maior.

Então, por que não começar isso imediatamente? Você não esperou sua vida toda pelo começo da parte boa? E se o final feliz estiver disponível *agora*, e se for apenas o começo?

E se você pudesse parar de se tornar errado por desejar algo maior, além do que essa realidade parece oferecer e do que os outros dizem ser possível? Você sabe o presente que você é para o mundo apenas por ser você, e pedindo algo mais?

A maioria das pessoas foi julgada por nunca estar satisfeita. Pedir mais é o que coloca o mundo em movimento. É o que permite que novas possibilidades apareçam além das limitações que os outros tornam real.

Quanto de sua vida você está usando para resolver problemas e questões? Quanto você está tentando se sentir bem, como se esse fosse o resultado que você deveria alcançar? E quanto você se sentiu mal a vida inteira por não ter chegado ao ponto em que sentiu que era bom o suficiente? Quanto você está se julgando diariamente por não conseguir fazer as coisas corretamente, de maneira suficiente, sendo o suficiente, por não ter o corpo certo, o relacionamento perfeito, o dinheiro, o sexo incrível, a carreira e os negócios de sucesso? Quantas vezes na vida você foi afetado pela depressão, ansiedade, ataques de pânico ou outras expressões não tão agradáveis e se sentiu preso e sem saída?

Essa é a realidade na qual a maioria das pessoas vive. É um mundo em que a depressão, a ansiedade e outras doenças fazem parte da vida. Sentir-se mal e ter problemas são aspectos considerados normais nessa realidade! Quantos problemas você está criando para si mesmo para ser normal? E se você pudesse deixar de ser normal e começasse a explorar o seu verdadeiro esplendor?

* * *

Sou psicóloga clínica, trabalho com saúde mental há anos, e conheci inúmeras pessoas com todos os tipos de diagnósticos e problemas. O que todas me relatam é o quanto elas são terríveis; que têm todos os tipos de problemas e nunca fazem o que é certo ou se encaixam, não importa aonde vão. Elas dizem que gostariam de mudar, mas não acham que a mudança é uma possibilidade, porque tentaram muitas técnicas e terapias e nada realmente funcionou. Às vezes, encontro pessoas para as quais isso se tornou tão intenso que elas pararam de falar. Outras tentaram vários medicamentos, mas nenhum fez o efeito desejado.

Meus clientes têm diagnósticos como: depressão, ansiedade, esquizofrenia, fobias, transtornos alimentares, transtorno de personalidade, bipolaridade, TDAH (transtorno do déficit de atenção e hiperatividade), DDA (transtorno do déficit de atenção), TOC (transtorno obsessivo-compulsivo), autismo, Asperger e variações a partir disso.

Trabalho com essas pessoas de uma maneira muito diferente do que aprendi a fazer em minha formação de psicóloga. Nunca fiquei muito feliz com as ferramentas que me foram entregues e sempre soube que algo maior seria possível. Então comecei uma jornada para encontrar uma maneira de facilitar a mudança que funciona. O que encontrei foi Access Consciousness, fundada por Gary M. Douglas e cocriada pelo Dr. Dain Heer.

Access Consciousness oferece ferramentas e técnicas para mudar o que quer que esteja acontecendo em sua vida, para que você possa sair da armadilha de pensar que não há escolha a não ser ficar sobrecarregado pelo que há de errado em você e chegar a um lugar onde você sabe que tem escolha – onde você sabe o que sabe e onde se sente livre para ser quem realmente é. Este é o espaço em que você está em casa, criando seu mundo. Essa maneira de criar mudança é realmente diferente.

Agora vamos começar!

Capítulo Um

Como Tudo Estava Errado

C onheço todos os desafios da transformação pessoal por experiência própria. Apesar do meu sucesso arrebatador, cinco anos atrás percebi o quanto eu estava infeliz. Eu tinha tudo o que uma pessoa neste mundo deveria ter para ser totalmente feliz e satisfeita – uma formação, um cara legal, dinheiro, uma casa, um emprego, uma carreira em expansão e eu estava grávida. Olhei para meus vizinhos em volta e disse a mim mesma: "Por que não posso ser tão feliz quanto essas pessoas? Eu tenho tudo. O que há de errado comigo?"

Logo depois disso, meu mundo inteiro girou ao meu redor. Lembro-me de voltar do médico e receber a notícia de que eu tinha um bebê morto na minha barriga. A gravidez estava bastante adiantada e eu estava na sala de estar da minha casa perfeita, e minha vida perfeita desmoronou bem na minha frente, e as luzes literalmente se acenderam. Eu tive uma daquelas experiências estranhas em que via luz branca ao meu redor... E sabia que tudo estava bem. Eu estava feliz!

Eu não deveria estar feliz sabendo que tinha perdido tudo o que pensei que queria. No entanto, logo comecei a criar uma realidade muito maior – a morte do meu filho deu à luz uma vida que eu não sabia que era possível ter neste planeta!

Agora sei que existe uma possibilidade diferente para todos nós! Sei disso sem dúvida alguma! E eu gostaria de convidá-lo para o que você sabe que é possível.

***

Quando comecei em Access Consciousness, percebi que a Psicologia foi criada para melhorar sua vida e ainda se encaixar nesta realidade também, tornando-o uma versão melhor de quem você era antes; para se encaixar, é necessário que você mude sua maneira de pensar e se comportar.

Essa abordagem não lhe dá muita liberdade, pois sempre se baseia em julgamentos acerca de qual é o caminho certo de ser e viver, e qual é o caminho errado de ser e viver. Isso o deixa no local em que você constantemente precisa descobrir o que escolher para estar certo, para se encaixar e ser "normal".

No entanto, comecei a me perguntar: isso é suficiente? Isso está funcionando? O que meus clientes realmente sabem?

Estou convidando você para algo diferente, onde não lhe direi o que é certo ou errado ou o que você deve ou não fazer. Convido você a fazer perguntas e a descobrir o que é verdadeiro para você.

Quando embarquei nessa jornada, fiquei surpresa ao descobrir que a vida pode ser muito mais expansiva do que tentar me encaixar e ser normal. Eu sempre soube que a felicidade é uma escolha que todos nós temos. Ao ficar adulta, me esqueci dessa possibilidade, pois estava muito ocupada tentando criar uma vida "normal". Tudo parecia muito perfeito, mas eu estava ficando cada vez mais deprimida vivendo a versão da vida de outra pessoa.

Quanto de sua depressão, ansiedade e outros problemas ocorrem por você viver a versão da vida de outra pessoa, e por saber que existe muito mais disponível para você do que jamais se permitiu escolher? Quanto disso refere-se a ouvir que o que você acha possível não é possível? Ou por ouvir, com ou sem palavras, que você é louco por considerar algo diferente? Quanto você escutou essas afirmações, se enganando, bloqueando tudo o que sabe que é verdadeiro para você, criando dor, tensão, depressão e problemas psicológicos, além de prendê-los em seu corpo?

Agora é a hora de mudar isso?

E se você reconhecesse que o que é verdadeiro para você poderia mudar toda sua vida e muito mais?

Reconhecer quem eu sou e o que eu sei é o que mudou a minha vida do modo depressão para o modo fantástico de criação acelerada com muita felicidade.

Você está pronto para superar seus problemas já conhecidos e o que você pensou que fosse real, e encontrar as possibilidades e aventuras que estão esperando por você?

Tenho que lhe avisar: é louco e é fácil. Duas coisas que não são permitidas nesta realidade. Você está pronto para quebrar as regras?

***

Você pode estar se perguntando sobre o título deste livro e o que a Psicologia tem a ver com a criação do seu mundo. E por que o "mundo" – não é tão grande assim? Sim, ele é. E se ser você for um presente para o mundo? E se sair do engano de você e criar a sua vida não apenas mudasse seu mundo, mas também fosse o convite para outros escolherem, e para que outros saibam que sabem e que são quem são?

Eu vi isso acontecer com muitos de meus clientes. Eles escolhem ser mais de quem realmente são e toda a realidade deles muda. Toda vez que escolho intensificar e celebrar a vida e a diferença que eu sou, minha realidade e as pessoas ao meu redor mudam.

Eu costumava tentar fazer meus pais felizes e fazia o possível para mostrar a eles que a vida pode ser muito maior que drama e trauma e pensar que tudo o que eles fazem está errado. Quanto mais eu tentava fazê-los felizes, mais infeliz eu me tornava. Quando comecei a desfrutar da minha felicidade, eles começaram a me perguntar o que eu faço para ser tão feliz. Eles se interessaram em aprender mais sobre as ferramentas que eu uso. Eles até começaram a ir aos *workshops* que eu facilito e me relatam todas as vezes que aprenderam algo novo. Agora eles sabem que têm escolha a todo momento, e eu sei que tenho escolha de estar na permissão do que eles escolhem.

Este livro é um convite para você sair da caixa que chama de vida; para deixar de lado os julgamentos que limitam você e as coisas que chama de problemas, para que assim você possa ser quem realmente é e possa gerar e criar sua realidade como realmente deseja.

Quanto o seu mundo seria diferente se você deixasse de lado o "erro" de você, a significância de seus problemas e percebesse o que é verdadeiro para você?

Você pode me chamar de louca por ter esse ponto de vista. E você estaria correto; eu sou. E se ser louco é o que nos permite ser a diferença que realmente somos, e se isso nos permite perceber que existe uma possibilidade diferente para todos nós e para o mundo? E se permitir-se ser louco e diferente significar não ter que trabalhar tão duro para se encaixar e nunca mais tentar ser como todo mundo e tentar ser "normal"? Você está ciente de quanta energia se requer para tentar ser normal e se encaixar?

E se todo "erro" que você pensa que tem na verdade for uma "força"? E se a aberração que você pensa que é realmente for a diferença que você é – e se isso for exatamente o que o mundo requer de você? E se a sua chamada doença mental for simplesmente um rótulo das capacidades que você possui? Você estaria disposto a considerar isso como uma possibilidade? Você está disposto a desistir de seus pontos de vista sobre quem você pensou que fosse e começar a aventura de descobrir quem você realmente é? O que você sabe que é realmente possível para você?

Você está disposto a abrir uma possibilidade diferente?

E se você tiver uma escolha diferente, além de ser vítima de sua história, seu passado, sua infância e seus problemas? E se você tiver a possibilidade de escolher algo diferente? E se fosse muito mais fácil e rápido do que alguém já lhe disse?

Este livro lhe fornecerá as informações, ferramentas e chaves para sua liberdade além do que você chama de problemas e questões e além da necessidade de se autolimitar.

Quando eu cursava o ensino médio, não era considerada tão inteligente quanto os outros jovens. O termo usado era "não muito talentosa". Mas na universidade eu era um das melhores alunas. Isso não fazia sentido para mim, então me perguntei: "O que realmente está acontecendo? Qual é a conscientização aqui que não reconheci?" O que descobri é que o que foi chamado de "deficiência" era apenas um sinal de que eu processo as informações de maneira diferente. Aprendi que o que era considerado um "erro" na verdade é uma diferença que ainda posso usar a meu favor, pois me permite processar muitas informações em um curto espaço de tempo e com total facilidade. Antes de começar a fazer perguntas para descobrir o que era verdadeiro para mim, me tornei o efeito da minha infância e me considerava estúpida. Ao fazer perguntas, um mundo totalmente diferente se abriu.

Que habilidade você confundiu com deficiência?

E se você for muito mais do que seus problemas, pensamentos, sentimentos e emoções?

E se você pudesse empregar sua chamada doença mental a seu favor? Bem-vindo à supermulher e ao super-homem que *você realmente é*.

Muitos de meus clientes me disseram que gostariam de ter recebido essas informações quando eram jovens, pois eles poderiam ter mudado totalmente a vida deles.

Eu não sou sua especialista ou guru. Estou aqui para convidá-lo a descobrir o que você já sabe. Ao ler isso, esteja ciente do que faz você se sentir mais leve e do que expande seu universo. O que faz você se sentir mais leve é o que é verdadeiro para você.

Agora é a hora de descobrir o que você sabe? Agora é a hora de confiar em si mesmo?

***

Susanna—A Psicóloga Esquisita

Trabalhei durante anos como psicóloga clínica, usando diferentes tipos de métodos; por exemplo, terapia psicodinâmica de longo e curto prazos e psicoterapia cognitivo-comportamental. Eu aplicava testes neuropsicológicos para comprovar os diagnósticos.

Durante meu primeiro ano como psicóloga clínica, meu trabalho parecia pesado e meu corpo estava sempre cansado. Eu tinha o ponto de vista de que era minha responsabilidade cuidar dos meus pacientes, deixá-los melhores e impedi-los de cometer suicídio.

Gostaria de fechar o livro agora e ir dormir? Bem, meu primeiro ano como psicóloga foi assim. Trabalhar e dormir. E para muitos de meus colegas, essa ainda é a realidade em que estão vivendo. Isso pode parecer exagerado, mas olhe ao seu redor. Quanta energia a maioria dos psicólogos, assistentes sociais, professores, mães, pais etc. tem após uma semana de trabalho? Quanto tempo as pessoas estão usando para salvar outras pessoas e fazer com que elas se sintam melhor?

Quanto tempo você gasta para fazer os outros se sentirem melhor? Examine sua vida e tenha uma noção de quanto do seu tempo é usado para ajudar outras pessoas.

Eu sequer tinha consciência de quanta energia meu trabalho me custou. Sim, eu uso a palavra "custo" de propósito. Pagamos não apenas em dinheiro, também pagamos com nosso tempo, nossa energia e conosco mesmos. Depois de apenas um ano, comecei a considerar uma profissão diferente. Eu não estava disposta a comprometer minha vida apenas com trabalho duro e sono. De jeito nenhum! Os resultados que eu estava obtendo com as formas tradicionais de fazer terapia não eram bons o suficiente para continuar trabalhando da maneira que eu fazia. O que eu conseguia facilitar para meus clientes não era o que eu sabia que era possível.

Isso teve que mudar! Essa foi a minha exigência. Mesmo após ter estudado muitos anos para me tornar psicóloga, eu estava disposta a deixar tudo e procurar uma profissão diferente, caso o trabalho e a maneira como ele se apresentava não mudasse.

Durante esse período, tive a conscientização de que uma formação mudaria as coisas para mim. Algum tipo de curso ou *workshop* seria o ponto de partida para algo novo. Eu não sabia que tipo de curso ou quando ele apareceria. Eu apenas sabia que apareceria. Eu simplesmente sabia.

Por favor, não se divirta lendo este livro. Diversão é ruim. É imoral e deixa a vida muito fácil. Especialmente sendo psicólogo e trabalhando com terapia, é preciso ser muito sério; caso contrário, será julgado e pendurado na cruz por ser um alguém que não se baseia em evidências científicas. Temos que ser "profissionais". Ser profissional significa excluir a diversão. A maior mudança ocorreu com meus clientes quando eles começaram a ter diversão.

Ah, para satisfazer meu cérebro, que durante grande parte da minha vida foi meu bem mais precioso. Meu cérebro e eu éramos grandes amigos; fazíamos tudo juntos, íamos a todos os lugares, resolvíamos qualquer problema... Ah, as coisas eram assim naquela época.

Então, sim, eu era uma "cabeçuda com pés". O que é uma "cabeçuda com pés"? Você sabe, quando crianças pequenas começam a desenhar pessoas, elas as desenham com uma cabeça grande e pés minúsculos presos ao cérebro. Elas não desenham dessa maneira porque têm uma capacidade limitada de desenhar nessa idade. De fato, elas estão perfeitamente cientes de como as pessoas escolhem funcionar nessa realidade. Elas sabem que este é um mundo apenas para a mente. Deixe seu corpo para trás, pegue sua mente e vamos dançar. Eu chamo essa maneira de funcionar de cabeçuda com pés: cérebro sobre pés. (Bem-vindo ao meu estranho senso de humor.)

OK, de volta ao ponto em que eu estava. Para satisfazer minha mente excessivamente ativa, vivia procurando *workshops* e treinamentos constantemente. Minha mente exigiu que eu fizesse algo, já que apenas confiar, e ser, e permitir que isso aparecesse não era o suficiente para a minha querida mente. Eu tinha que estar no controle. (A propósito, você sabe alguma coisa sobre ser um tremendo controlador?)

Minha busca incansável foi inútil. Então, um *workshop* do Access Consciousness apareceu no momento e do jeito que eu menos esperava.

Eu não tinha ideia do que se tratava, mas fui mesmo assim, sabendo, de alguma forma, que aquilo mudaria minha vida.

O *workshop* durou cinco dias e me levou a participar de outros *workshops* e classes de Access Consciousness em todo o mundo: Suécia, Inglaterra, Costa Rica e Austrália. O resultado: senti que tinha uma vida totalmente diferente, uma realidade diferente e uma caixa cheia de ferramentas para facilitar a mudança para mim e para o mundo.

Meu relacionamento mudou. Vendi minha casa e me mudei para a cidade. Mudei minha maneira de trabalhar e, acima de tudo, tinha um senso de mim e das minhas verdadeiras capacidades que jamais imaginei como algo possível.

Agora estou criando um paradigma diferente com a Psicologia e a terapia, com o que sei e sou e com as ferramentas revolucionárias de Access Consciousness. Eu chamo isso de "Psicologia Pragmática".

CAPÍTULO DOIS

PSICOLOGIA PRAGMÁTICA

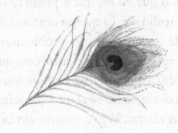

O que eu quero dizer com "Psicologia Pragmática?" É o nome que dou para as técnicas, informações e perspectivas que facilitam você a deixar de ser vítima e o efeito de seu passado, de outras pessoas e do seu condicionamento. Essas ferramentas permitem que você saiba que tem escolha; utilizá-las abre a porta para você criar sua vida e seu viver da maneira que realmente deseja. A Psicologia Pragmática reconhece suas capacidades, quem você é e o que sabe. Trata-se de tirar do seu caminho tudo o que não permita que você seja você. A Psicologia

Pragmática é a aplicação das ferramentas de Access Consciousness à Psicologia e à terapia para criar uma perspectiva diferente sobre insanidade, diagnóstico e uma possibilidade maior de mudança.

Esta não é outra teoria ou conceito que diz como você deve viver sua vida. Não é uma receita de como consertar sua vida. Nem é uma modalidade que diz o que é certo e o que é errado. Não se trata de fazer você se adaptar mais a essa realidade. Muitas das modalidades e teorias são projetadas para conseguir tudo isso – elas são uma maneira de explicar e tornar compreensível o que está acontecendo no mundo como uma tentativa de encontrar uma solução para o sofrimento e a dor. Quantas dessas modalidades você já tentou? Elas funcionaram para você?

Eu estudei e usei muitas modalidades e elas nunca me deram uma sensação de paz e facilidade. Elas nunca me deram um senso de mim e não reconheceram o que eu sei que é possível além do que me foi entregue como essa realidade. O que eu descobri é que a maioria das modalidades é criada para corrigir um problema, o que significa que as pessoas que usam essas modalidades assumem que há um problema.

Os clientes também assumem isso. Sempre que os atendo, eles me dizem tudo o que passaram, todos os abusos que sofreram e quanto estão errados, e isso me faz chorar. Vejo o quanto são brilhantes, como são capazes e incríveis, e a diferença que são que ainda não reconheceram, ou seja, a capacidade que eles têm de mudar o mundo.

Eu sempre soube que uma maneira diferente de facilitar a mudança era possível. Criei a Psicologia Pragmática para que as pessoas possam começar a reconhecer quem realmente são e começar a acender as luzes da consciência.

A Psicologia Pragmática fornece as ferramentas, a informação e a expansão de sua conscientização, que lhe permitem saber o que você sabe, receber tudo sem julgamento e mudar tudo o que deseja mudar.

A Psicologia costumava ser a arte do saber. Mais tarde, tornou-se o estudo do comportamento e do pensamento. E se pudéssemos criar a Psicologia como o poder para você saber que sabe?

A Psicologia Pragmática tira a Psicologia da polaridade dessa realidade, onde tudo se trata de ser bom ou mau, certo e errado, fazer a coisa certa, tomar a decisão correta, ganhar e não perder. A Psicologia, no sentido tradicional, trata de se adaptar e se encaixar nesta realidade, da melhor maneira possível. Ela define as diretrizes para o que é são e o que é insano. Ela afirma que ter um problema psicológico é correto e "normal".

Na maioria das vezes, a Psicologia nem sequer questiona se você realmente tem um problema. Em vez disso, trata-se de procurar o que está errado, assumindo que há algo errado e o porquê de estar errado, além de procurar evidências de que há algo errado.

Por outro lado, a Psicologia Pragmática convida você a questionar, ter escolha, possibilidade e o incentiva à contribuição. Ela o convida a um lugar de onde você sai do errado de você para onde você sabe que tem escolha e onde você faz as perguntas que criam mais possibilidades para você e sua vida, e onde você contribui para a criação daquilo que você verdadeiramente deseja. Ao fazer perguntas, você vai além da resposta e da conclusão e percebe o que é realmente possível para você.

Problemas e dificuldades são criados apenas quando não estamos dispostos a estar conscientes e quando não estamos dispostos a ver como as coisas são. Toda vez que diminuímos nossa consciência e não estamos dispostos a estar conscientes, criamos problemas. É como tentar se vestir no escuro. O que você está vestindo ao expor-se à luz pode não ser o que você esperava.

Muitas vezes, o que realmente está acontecendo na vida das pessoas é muito estranho para essa realidade, o que faz com que a maioria das pessoas permaneça na faixa de normalidade em que encontram algum tipo de resposta sobre por que um problema não muda ou apenas chega-se à conclusão de que a pessoa está doente demais para ser curada. Exemplos disso são a esquizofrenia e o autismo. Muitos especialistas realmente não sabem, ou sequer querem saber o que realmente está acontecendo com as pessoas com esses diagnósticos, porque o que realmente está acontecendo está além da "normalidade" dessa realidade. Eu conheci pacientes com psicose e esquizofrenia e, ao analisar o que realmente estava acontecendo, mesmo que não se encaixasse em nenhum modelo de explicação em Psicologia, isso mudou a vida deles, e eles não se encaixavam mais no diagnóstico padrão.

Saber o que isso é chama-se conscientização. Trata-se de acender as luzes para ver o que está ocorrendo. Quando você acende as luzes, vê tudo. Você não precisa mais pisar nos cacos de vidro no chão da sua vida. Em vez disso, você pode ver onde há grama macia para caminhar. Para expandir sua conscientização sobre o que realmente está acontecendo, é preciso fazer perguntas e não chegar a conclusões, além de confiar no seu saber. É como ser um detetive. O que você encontra está muito além do que essa realidade considera possível.

Originalmente, a Psicologia deveria ser uma ferramenta para libertar você do ego, mas é uma descrição incorreta do que isso é. O ego é real ou uma criação? O ego é um conceito criado pela mente. As pessoas estão tentando se libertar de algo que é uma invenção. Como qualquer outro problema. Então, as pessoas estão tentando se libertar da mente usando a mente, que é exatamente o que cria o problema. Quanto isso está funcionando bem? De quantas coisas que sequer são reais você está tentando se livrar quando tudo o que você faz é ir cada vez mais fundo na toca do coelho e entrar em sua própria invenção?

E se a Psicologia pudesse ser algo relacionado a você ser tão consciente quanto é de verdade? A Consciência é muito pragmática. Ela lhe dá a informação que você requer para criar o que você deseja de verdade.

"Consciência inclui tudo e não julga nada."
~ Gary M. Douglas ~

A Psicologia Pragmática trata de fazer perguntas para levantar o que isso é, em vez de fazer o que a mente *pensa* que está acontecendo. Trata-se de descobrir quem você é, do que você é capaz e o que é verdadeiramente possível para você.

A consciência libera o trauma e o drama da vida. A consciência liberta a vida do trauma e drama.

Agora é a hora de você sair do dramático para o pragmático?

Você está pronto para a aventura?

Capítulo três

A Mudança Pode Ser Fácil e Rápida – Não Apenas para Americanos

À medida que crescemos, aprendemos que a mudança requer tempo e muito trabalho. Fácil e rápido não é possível; isso deve ser uma fantasia. Os europeus dizem que fácil e rápido é "muito americano", um julgamento que muitos europeus têm de que os americanos estão fazendo tudo de maneira rápida e fácil, como *fast food*.

A maioria das pessoas se orgulha de trabalhar duro por algo, e se for fácil e rápido, não é real, não é valioso e é apenas superficial. Especialmente como psicólogo, você aprende todas as maneiras de criar mudanças para as pessoas, e como isso é feito, e que definitivamente requer tempo e esforço.

O ponto de vista principal em Psicologia é que precisamos melhorar as coisas para as pessoas. O objetivo é fazer com que as pessoas se sintam melhor e levá-las a resolver seus problemas e adaptá-las para se tornarem membros funcionais da sociedade. Existe um padrão específico para o que é certo e o que é errado. O que é são e o que é insano. Ter padrões é manter o *status quo*, o que significa deixar as coisas como sempre foram. É isso o que sempre mantém o mundo no mesmo círculo, sem criar nada diferente. As coisas mudam, mas nada de diferente está sendo criado. Trata-se de sobreviver, não de prosperar.

Igual, mas diferente – comece a usar seu GPS

Durante minha formação, aprendi que ao trabalhar com um cliente, devo conceituar qual é o problema, descobrir o que está errado, encontrar a causa do problema e, em seguida, ajudar o cliente a mudar sua maneira de pensar e se comportar. Toda vez que eu fazia isso, meus clientes criavam ainda mais coisas erradas sobre eles e mais razões para estarem errados. Aquilo não tinha fim. É como um dragão que você corta uma cabeça e depois aparecem mais dez cabeças feias. As coisas nunca mudavam. Meus clientes e eu nos sentíamos cada vez pior e nos sentíamos como perdedores por não chegarmos a lugar nenhum. Ficávamos presos na matriz dessa realidade, tornando todas as insanidades reais e ainda mais reais ao tentar entendê-las. Com isso, não se criava nada diferente, e os mesmos problemas continuavam a existir.

Criar algo diferente não é olhar para o que está errado com você, aprofundar-se no "erro" e encontrar a causa dos seus problemas. Quantas vezes isso funcionou para você e realmente criou algo melhor para você e sua vida? Ou você se sentiu ainda mais errado e pesado?

Quando você olha para o que está errado e tenta consertar isso, o que se requer é que você julgue a si mesmo e a situação como se isso fosse imprescindível para achar uma saída para ela. Julgamentos criam mais julgamentos e tudo o que você faz é se afundar ainda mais no julgamento. As pessoas pensam que este é o caminho para criar. Não, o julgamento mantém os mesmos velhos problemas.

Por exemplo, nos relacionamentos, as pessoas julgam se o parceiro fez o que elas esperavam, a fim de chegar a uma conclusão se o relacionamento é bom ou ruim. "Ele me trouxe flores esta semana? Baixou o assento do vaso sanitário?" As pessoas julgam se os filhos estão se comportando como deveriam. Elas acham que julgar é o modo como podem fazer as coisas se tornarem do jeito que querem que sejam. Só que isso nunca funciona, só cria mais frustração.

Baseado na conclusão e no julgamento de que há algo errado, nada além pode vir à sua conscientização, a não ser as coisas que combinam com o errado que você decidiu que é real.

Para convidar algo diferente para sua vida, pergunte-se:

O que está certo sobre mim que não estou percebendo?

Essa pergunta vai tirá-lo do piloto automático do erro e começar a abrir as portas para que você receba a si mesmo.

Muitas vezes encontrei clientes que começaram a reconhecer a própria grandiosidade durante nossas sessões, e então, na consulta com o médico no dia seguinte, voltaram a se sentir mal com eles mesmos novamente. Por quê? Porque o médico estava olhando para eles com o seguinte olhar: "aqui está alguém com um problema" e o foco estava em assumir que havia algo errado.

Com isso, os clientes permaneceram ainda mais tempo no erro, porque eles acreditaram que o médico estava certo. Quando pedi a eles que recebessem o presente disso, perceberam que o que o médico diz não passa de ponto de vista do médico e não é real. Eles descobriram que ninguém, nenhum médico ou outro especialista, sabe melhor do que eles o que realmente está acontecendo. Eles aprenderam a confiar em si mesmos. É exatamente isso que começa a abrir as portas para algo maior: você sai do julgamento e começa a confiar em sua conscientização.

Sua conscientização é uma das coisas mais valiosas que você tem. Ela diz a você o que tornará sua vida mais fácil e mais grandiosa. É o GPS

– o Sistema de Possibilidade Global – que você ainda não começou a usar. É muito fácil. Comece a confiar que "o que é leve é certo" e siga em direção à Rua Fácil. Quando as coisas se tornam pesadas e escuras, você sabe que precisa mudar de direção para algo que é leve. Ligue o seu GPS!

Este é um paradigma totalmente diferente de criar mudanças e de estar no mundo. Portanto, dê-se um tempo para abrir-se a essa nova maneira de ser. Ainda não existem muitas pessoas ao seu redor que saibam disso. As pessoas ao seu redor criam problemas, julgamentos, pensamentos e sentimentos reais e relevantes. E se elas não fizessem isso?

Você não é seus problemas, seus pensamentos ou seus sentimentos. Você é muito mais. Você não precisa entender por que tem problemas ou o que os causa. "Como assim?" – você pode perguntar. Sim. Você sabe o que é possível. E o que é isso? Você pode escolher não mais tornar reais os pontos de vista e julgamentos de outras pessoas e descobrir o que é real para você. Como? É isso que estou prestes a lhe contar.

Desapegar-se da importância do drama e do trauma permite que quem você verdadeiramente é e o que você verdadeiramente gostaria de criar se atualize em seu mundo de uma maneira mais fácil e rápida do que você pode imaginar. A maioria das pessoas ama drama e trauma. Essa é a novela que torna a vida delas interessante. A maioria das pessoas prefere manter seu drama e trauma em vez de ser livre.

Permitindo-se ser livre, você pode ser você. O que eu ouço os clientes dizerem é: "Minha vida inteira mudou muito. Não sou mais o efeito de outras pessoas e dos julgamentos e de como as coisas deveriam ser. Tenho uma sensação de paz e alegria no meu mundo que é incrível. Eu saio no mundo e recebo tudo e permito que tudo, o bem e o mal, contribua para mim, para meu corpo e minha vida."

Você sabia que mesmo quando as pessoas estão chateadas com você, elas podem ser uma contribuição para você? Como? Se você baixar todas as suas barreiras, receber o que elas têm a dizer, deixar isso passar por você e não ter o ponto de vista de que isso pode machucá-lo ou afetá-lo. As pessoas com raiva entregam muita energia. Se você não vê isso como algo ruim, pode receber a energia de forma estimulante, simplesmente derrubando suas barreiras. Tente. É divertido. E se você tem esse ponto de vista, elas não ficam com raiva por muito tempo.

Sim, isso é novo e diferente. E se não houvesse nada de errado com o novo e diferente?

Mesmo que ninguém que você conheça tenha essa perspectiva, se ela é leve e expansiva para você, por que você não escolheria isso, apenas porque mais ninguém que você conhece está fazendo isso? Você está disposto a ser o líder da sua vida? A pior coisa que pode acontecer é você começar a ser feliz e ser a única pessoa feliz do seu bairro. E pior ainda, você é o convite a essa possibilidade para os outros.

A reação da dança trance

Quanto de sua vida está baseada nos pontos de vista de outras pessoas que você decidiu que você não pode ir além? Nesta realidade aprendemos a reagir de maneiras específicas em determinadas situações. Quando você perde alguém, supõe-se que você deve ficar triste. Quando seu namorado encontra a ex-namorada dele, você deve ficar chateada. Quando está preso em um congestionamento, deve ficar estressado ou bravo. Há certos mecanismos que aprendemos a fim de funcionar de maneira normal. Isso é funcionar a partir do piloto automático que é como chamamos esta realidade. A reação nunca lhe dá escolha. Você está sempre buscando a maneira correta de se comportar, se encaixar e ser normal.

Raiva, tristeza, medo, dor... Tudo isso é real ou é uma invenção? É você que a torna real, porque todo mundo faz o mesmo. Você já esteve em uma situação extrema? Por exemplo, você perde alguém muito próximo e, ao receber essa informação, não apresenta reação nenhuma? Então você começa a pensar na reação apropriada, e essa computação é feita em uma fração de segundo e você entra nos universos de outras pessoas para descobrir o que é certo nessa situação e qual é a maneira apropriada de reagir.

Meu gato morreu há algumas semanas. Ele era muito, muito querido para mim e esteve comigo por muitos anos. Quando ele morreu, eu não

tive nenhuma reação. Eu estava totalmente em paz. Sem tristeza, sem sentimentos, sem emoções. Depois de alguns minutos, meu cérebro tentou computar toda a situação e tentou fazer o que é certo, que é ficar triste e chorar. Então chorei por um tempo e depois perguntei: "O que é essa coisa que eu chamo de tristeza? Isso é realmente tristeza ou outra coisa?" Já que "outra coisa" fez com que eu e meu corpo relaxássemos, eu soube que estava no caminho certo. Imediatamente, as coisas ficaram leves, eu estava em paz novamente e comecei a rir. Eu sabia que o que eu tinha mal interpretado como tristeza eram alegria e gratidão pelo meu gato. Como tive tanta sorte de ter tido tantos momentos maravilhosos com ele?

A morte do meu gato deveria ser algo que causaria tristeza e luto. Essa teria sido a reação "certa". Ficar triste teria provado o quanto eu me importava com meu gato. Não ficar triste quando alguém morre é julgado como ser frio e não ser zeloso, ou como uma reação que é reprimida e não saudável, o que é apenas outra maneira de dizer que está errado.

Quantas vezes você já ouviu: "Você não tem nenhum sentimento", significando que você é frio e mau? Sentimentos são usados para provar uma conexão. Ao descobrir o que verdadeiramente estava acontecendo, e que eu não estava triste de jeito nenhum quando meu gato morreu, mas ao contrário, que eu era grata por meu gato, reconheci a incrível conexão que meu gato e eu tínhamos, e não havia necessidade de provar mais nada com sentimentos. Eu estava totalmente consciente e recebendo a contribuição que meu gato era para mim e eu era para o gato.

Pensamentos, sentimentos e emoções são invenções que as pessoas criam para se tornarem "reais" e corretas nesta realidade, para se encaixarem, e para provar que elas se importam. E se você não tiver mais que se tornar "real", ou se encaixar, ou provar algo, mas simplesmente saber que você é um presente incrível?

E se você tentasse uma abordagem diferente?

Supere o fato de dar seu poder a alguém ou a algo

Sabe as vozes que lhe dizem que você tem um problema e que nunca sairá dele? Toda vez que você tenta tornar seus problemas em algo lógico e tenta encontrar uma razão para eles, acaba tornando todas essas vozes reais. Você lhes dá poder em vez de reivindicar esse poder para si mesmo. Você torna essas vozes mais fortes e mais valiosas do que você. São apenas vozes, pensamentos e sentimentos – como tudo isso pode ser maior que você, mesmo que de maneira remota? Tornar tudo isso maior que você mantém o *status quo* da sua situação e não permite mudanças. Você abre mão de todas as suas capacidades e de sua potência para mudar o que está acontecendo. Você se torna o efeito de tudo o que torna real.

Todos aqueles pensamentos em sua mente que lhe dizem que você não é bom o suficiente, que é mau, feio e que não sabe o que fazer, ou aonde ir ou como resolver seus problemas são invenções de sua mente. Elas são reais apenas se você as tornar reais. Como você pode se livrar dessas invenções? É aí que as coisas ficam pragmáticas!

Para se livrar de todas aquelas vozes que lhe dizem quanto você é terrível e errado, você pode dizer esta frase cerca de dez vezes toda vez que um pensamento como esse sussurra em seu ouvido. Apenas diga:

Go back to from whence you came, never to return to me or this reality. (Volte para o lugar de onde você veio, nunca mais retorne para mim ou para esta realidade.)

Ao usar essa frase, você manda embora as vozes que o fazem se sentir mal, fraco e patético e que lhe dizem que você não tem escolha. Isso faz com que você passe a assumir a responsabilidade por sua vida e exigir que tudo que o limita vá embora.

Eu sei que parece estranho, mas realmente funciona. (A propósito, você sabe o que significa "esquisito"? Significa "do espírito, sina ou destino". Parece divertido ser esquisito?)

Pessoas que pensam ter problemas se colocam no banco do carona de suas vidas. Exigir mudanças faz com que você tome medidas para criar o que realmente deseja. A frase que compartilhei acima foi criada para mandar embora tudo o que diz que você é uma vítima, que não tem escolha e que seu lugar é no banco do carona, não no controle de sua vida.

Experimente, o que você tem a perder? Faça isso agora! Use essa frase e diga a tudo o que sussurra em seu ouvido que você é fraco, que não tem chance, que nunca será capaz de conseguir o que realmente deseja e que dizer essa frase não ajudará.

E se você for muito mais poderoso do que jamais reconheceu? Isso o deixa mais leve? O que é leve é verdadeiro para você!

Quem ou o que você torna mais poderoso do que si mesmo?

Eu trabalhei com um jovem com TDA e TOC que fazia uso de medicamentos quando nos conhecemos. Ele disse que seu médico havia dito que ele precisava do medicamento para funcionar, caso contrário, a "doença" tomaria o controle e comandaria a vida dele. Eu o ouvi e perguntei se esse também era o ponto de vista dele. Perguntei o que ele sabia. Uma semana depois, ele voltou sorrindo com olhos brilhantes e disse que havia "largado" seus comprimidos.

"Como essas coisinhas podem ser mais poderosas do que eu?" – ele disse. "Que porcaria comprei do meu médico sobre precisar delas?" O jovem parou de tomar os remédios desde então e não tem mais problemas com TDA e TOC. Ele estava disposto a receber uma perspectiva diferente e as ferramentas para usar seu TDA e TOC em seu benefício.

Não se trata de lhe dizer que você deve jogar fora todos os seus medicamentos. Isso é um convite para você fazer perguntas.

O que você sabe?

O que o seu corpo sabe?

"Corpo, você realmente requer esses comprimidos?"

Muitas pessoas nunca perguntam ao corpo o que ele requer de verdade. E acham que o médico sabe mais do que elas, e então tomam o medicamento. O médico prescreve o remédio baseado na informação geral de como a medicação age, e não de acordo com a maneira que seu corpo funciona. Seu corpo sabe o que requer. Ele é seu próprio especialista. Você pode usar o teste muscular para descobrir o que o seu corpo requer.

Veja como fazer o teste muscular: fique em pé, com os pés juntos, coloque as pílulas em frente ao plexo solar e pergunte ao seu corpo se ele requer os comprimidos agora. Se o corpo se inclinar para os comprimidos, é um sim. Se ele se afastar dos comprimidos, ou seja, se for para trás, é um não. Se for para os lados, você precisará fazer perguntas mais específicas. "Corpo, você requer meio comprimido agora? Você requer um comprimido agora? Você requer isso mais tarde? Você quer deixar o comprimido ao lado da cama durante o sono?" Continue perguntando até receber a conscientização acerca do que seu corpo requer. Quanto mais você perguntar, mais vai receber a conscientização. Brinque com isso! Você pode fazer o mesmo com alimentos e bebidas.

Confie no que você sabe

Não é que você tenha falta de confiança, o que falta para você é confiar no que sabe. Você é a única pessoa que sabe o que é verdadeiro para você. Assim que começar a reconhecer e confiar nisso, não terá mais problemas.

Isso é tudo o que se requer. Comece hoje. Escolha o que faz você e seu corpo relaxarem, o que faz você se sentir leve, o que você sabe que é certo e expande seu mundo, e honre-se o suficiente para fazer essa escolha, mesmo se as pessoas ao seu redor discordarem disso. O que você está esperando? Você já não passou muito tempo tornando o ponto de vista de outras pessoas mais valioso do que tudo o que você sabe? O que você pode escolher agora mesmo, imediatamente, que expande a sua realidade? Uma caminhada, uma boa refeição, ligar para uma pessoa importante, brincar com um cachorro, afagar um gato, libertar-se de todo o errado acerca de você, e determinar que a sua vida mude, não importa o que se requeira?

O que existe em sua realidade que lhe dá uma ideia de você? Escreva uma lista a respeito disso, e pratique ao menos um pouco por dia. E se você for a prioridade, o número um na sua vida?

Muitas pessoas dizem que desejam uma vida melhor e que gostariam de superar seus problemas, só que muitas delas mentem. Elas não têm interesse em superar nada. De fato, elas desfrutam do próprio sofrimento. Levei um tempo para perceber isso. Tive a ilusão de que quando alguém me diz que deseja mudar, está falando sério. Como eu estava enganada! Eu tive que descobrir da maneira mais difícil que tinha que fazer uma pergunta antes de cada sessão. "Verdade, essa pessoa realmente deseja mudar?"

"Verdade, elas estão interessadas e receberão uma possibilidade diferente?" Eu digo "verdade" antes de qualquer pergunta que me permita saber se a pessoa está mentindo ou não.

Desistir da própria "insanidade" – que é o que as pessoas usam para se definir e limitar – requer muita coragem. Muitas pessoas preferem manter sua "insanidade", pois isso faz com que se sintam conectadas a essa realidade. Ser "insano" mantém você dentro do espectro da normalidade. Desapegar-se disso permite que você fique totalmente fora de escala, seja o total viés ou "aberração" que você realmente é – fora dos limites do *status quo*.

Problemas: uma simples questão de escolha

Perguntar se meus clientes realmente gostariam de ter uma vida melhor me permitiu ver que muitas pessoas desfrutam de seus problemas e de sua "insanidade". Isso funciona para elas. É quem elas pensam que são e como elas fazem suas vidas funcionarem. Elas são funcionais com a depressão e as ansiedades delas. Como eu não tive nenhum julgamento e não forcei a mudança nos meus clientes, meu trabalho ficou muito mais fácil e meus clientes tiveram a opção de mudar ou não.

Muitos de meus clientes perceberam que não tinham vontade de superar a depressão. Eles se permitiram receber essa conscientização e aprenderam a não julgar a própria escolha. Isso criou outra possibilidade; plantou uma semente que poderia crescer em uma realidade maior quando fizessem a escolha. Conscientizar-se da escolha de alguém de não mudar e ficar deprimido é um grande presente. Não há nada de errado com isso. É apenas uma escolha. Pergunte a si mesmo:

Verdade, eu desejo de verdade superar meus problemas?

De que você se conscientizou ao fazer essa pergunta? Vamos usar esta conscientização e fazer mais perguntas.

Se você ficar ciente de que até o momento nunca desejou mudar seus problemas de verdade, pergunte:

Qual é o valor de me apegar aos meus problemas?

É garantir que você receba o apoio das pessoas? Garantir que você terá algo a fazer? Garantir que você não será mais do que decidiu que poderia ser? Limitar sua conscientização para não receber o que sabe e ser o que é verdadeiramente capaz de ser? Então você não vai se sentir muito diferente? Então sua vida não fica muito fácil? Para garantir que você não é muito potente?

O que é isto para você? Tudo o que faz você sorrir ou rir, faz seu corpo relaxar, ou faz seu mundo se iluminar, é uma dica para você saber o que é verdadeiro para você.

Ao perceber que existe algum valor em manter seus problemas, você pode vê-los sem nenhum ponto de vista e sem julgamentos. E se não houver nada de errado em descobrir que manter seus problemas tem valor para você? E talvez você possa achar engraçado o fato de ter tornado tudo isso mais valioso do que ser você. Não somos engraçados? Tornamos toda essa porcaria mais real do que quem realmente somos. Nossa espécie não é das mais brilhantes e, no entanto, pensamos que somos muito inteligentes.

Pedindo mudança

Quando as pessoas pedem mudanças pessoais, geralmente pedem para mudar algo que consideram negativo. Há algo "ruim" e elas pedem algo "bom". Então, elas vão de uma polaridade, a ruim, a outra polaridade, a boa. Ambas têm carga. Uma tem carga negativa e a outra tem carga positiva. O que a maioria das pessoas não entende é que elas vão de um polo ao outro como um pêndulo, de um lado para o outro, mudando de feliz para triste e de um lado para o outro, mas nada diferente é criado.

Em vez de pedir mudanças, peça que o que não funciona na sua vida se dissipe para que algo diferente possa aparecer. As pessoas geralmente pedem algo positivo quando se sentem mal. Isso é apenas manter-se dentro da polaridade, o que nunca cria algo diferente. Você pode estar em um modo positivo por um tempo e sentir-se bem e sempre ter o "medo" de voltar ao negativo novamente, como se não tivesse controle sobre isso. Você já teve essa voz constantemente irritante quando finalmente se sente bem, dizendo que isso não vai durar muito? É exatamente o que acontece quando você fica na polaridade entre o bom e o mau. É como jogar tênis, indo e voltando. E se você fosse esse espaço livre onde algo totalmente diferente pode entrar em seu mundo? Sim, é possível. Apenas continue lendo.

A mágica das perguntas. Você gostaria que algo mudasse agora?

Aqui estão perguntas que você pode usar diariamente para criar uma vida mais grandiosa: "O que mais é possível para gerar e criar uma realidade totalmente diferente para mim? Como isso pode melhorar?" Você pode fazer essas perguntas sempre que estiver buscando algo maior. Quando você encontra 10 dólares na calçada, pode perguntar: "Como pode melhorar ainda mais?" Quando você briga com seu amigo, pode perguntar: "Como pode melhorar isso?" Toda vez que faz perguntas, você continua criando mais ao invés de desistir.

Com uma pergunta, você abre a porta para que todo o universo contribua para você, de maneira mais grandiosa e além do que você pode imaginar. As perguntas são o encantamento mágico que tiram você do que não funciona, que são todas as conclusões e julgamentos sobre o que realmente funciona. Cada conclusão é onde você decidiu que há um problema – enquanto você continuar nesta mesma estrada, nada mudará.

Por exemplo, se você diz que tem problemas financeiros e que não tem dinheiro, criou uma conclusão, uma resposta que informa que você tem problemas financeiros. É como andar no mundo com os olhos vendados e tudo o que você vê é seguir em frente ao longo da estrada que se chama Rua Problema.

Tenho uma amiga que me disse que tinha problemas financeiros e que quase não podia mais pagar aluguel. Ela estava muito preocupada.

Não ter dinheiro era uma resposta com a qual ela vivia há muito tempo. Eu perguntei a ela: "Então, o que mais é possível para você agora, o que você pode ser ou fazer de diferente para mudar isso?" Ela disse: "Engraçado, quando você pergunta isso, me faz sentir mais leve e eu sei que realmente há algo que eu não consigo expressar em palavras o que é."

No dia seguinte, ela me disse que continuou fazendo essa pergunta e, de repente, lembrou-se de que havia um resgate antigo de um seguro cujo dinheiro ainda não tinha recebido. Ela ligou para a empresa e descobriu que estava prestes a receber o dinheiro, que era uma grande quantia.

Fazer perguntas lhe permite saber o que você não sabe quando está preso na armadilha de conclusões e julgamentos de que algo está errado.

Quando você decide que algo ou alguém é perfeito, isso também é um julgamento e uma resposta que o prendem. É a resposta que impede você de acessar mais. As pessoas dizem: "Este é o homem perfeito, este é o trabalho perfeito..." Quando você tem esse ponto de vista, não receberá as informações quando essa pessoa não for tão perfeita e que estar com ela, na realidade, torna sua vida menor. Isso impede você de obter a conscientização e o transforma na vítima de tudo o que não está disposto a saber.

As pessoas se perguntam por que de repente não se sentem mais tão bem ao lado da pessoa que costumava ser tão perfeita. Perguntar todos os dias: "O que é possível hoje com essa pessoa, trabalho... que expande minha vida?" – fornecerá as informações necessárias para criar o que você realmente deseja.

Faça perguntas! Supere a doença mental e encontre o que é verdadeiro

Tudo o que você precisa fazer é pedir e receber. Assim que você não mais tornar seus problemas, pensamentos e sentimentos relevantes e significativos e começar a fazer perguntas, poderá receber o que é verdadeiramente possível.

Então, estou lhe perguntando: a tristeza, a depressão e a ansiedade são reais ou são invenções que as pessoas criam? Ter esses sentimentos não faz com que eles sejam reais. As pessoas pensam que o que sentem é real. Você não é seus sentimentos. Os sentimentos são como o clima. Uma árvore se confundiria com a chuva? Não, ela sabe que chuva é apenas chuva, é algo que muda e que vai passar.

Você estaria disposto a abandonar a ideia de que tudo o que sente deve ser automaticamente real? Dizer: "Me sinto mal ou deprimido" é uma afirmação que lhe prende aos maus sentimentos e depressão. Qualquer coisa que não corresponda a essa afirmação pode entrar em seu universo. É como um muro que esconde possibilidades que podem mudar toda a situação para algo diferente com facilidade. Você já decidiu que está triste. Essa resposta faz você se sentir mais leve? E se você fizesse perguntas como:

O que é isso?

O que eu faço com isso?

Posso mudar isso?

Como posso mudar isso?

Ao decidir que está deprimido, você está comprando uma mentira. Uma mentira é uma mentira e não pode ser mudada. As perguntas acima podem mudar toda a sua vida. Você está disposto?

Fazer essas perguntas abre a porta para você receber conscientização sobre o que está ciente, em vez de comprar a resposta de que há algo errado. Quando você faz essas perguntas, não está procurando uma resposta. É como o exemplo da senhora com o dinheiro que fez perguntas e depois percebeu que há uma possibilidade diferente, mesmo que ela não pudesse expressar isso em palavras. Ela conseguiu as informações sobre isso depois. Portanto, pergunte e perceba o sussurro da possibilidade que faz você se sentir mais leve e permita que isso apareça quando aparecer, quando for a hora.

Você está disposto a ter uma perspectiva diferente e começar a fazer uma pergunta sempre que se "sentir" triste, deprimido ou qualquer outra coisa "pesada"? Você está disposto a abrir mão de todas as suas conclusões e respostas sobre o quanto você está errado, mau e triste, e a se perguntar o que você sabe que nunca reconheceu?

Quanto de sua tristeza, depressão e medo servem para encobrir a potência que você realmente é? Quanto de suas capacidades e potência para mudar você esconde por trás de todas as mentiras que tem comprado sobre você? Seu universo se ilumina quando você lê isso? Você pode olhar para isso e se perguntar se isso é verdadeiro para você.

Eu tenho um amigo que sofria de enxaqueca há mais de dez anos. Ele havia tentado todos os tipos de métodos conhecidos pela humanidade para solucionar as enxaquecas e nada havia funcionado. Ele me falou sobre suas enxaquecas muitas vezes e um dia ele fez uma pergunta sobre isso. Antes disso, ele me contou sua história sobre como é terrível ter dores de cabeça tão dolorosas.

No dia em que ele fez uma pergunta, pela primeira vez, percebeu uma possibilidade de mudança em seu universo. Ele demandou algo diferente e a pergunta que ele começou a fazer era o que faria as portas se abrirem. Ele perguntou: "O que é isso que eu chamo de enxaqueca? Posso mudar isso?"

Perguntei a ele: "Verdade, você realmente deseja mudar isso?" Ele olhou para mim e disse: "É claro que sim, é tão doloroso que já quase quis me matar, porque não aguentava mais a dor. Eu tentei de tudo e não funcionou." Eu disse: "Sim, essa é a resposta lógica. Em vez de dizer o que pensa, me diga, o que você sabe? Verdade, você realmente deseja superar suas enxaquecas?" E ele olhou para mim e disse: "Não" – e começou a sorrir e seu corpo relaxou.

Ele ficou muito surpreso com essa conscientização e sabia que era verdadeira, pois criava leveza e facilidade em seu mundo e em seu corpo. Então eu perguntei a ele: "O que são as enxaquecas? Isso que você chama de enxaqueca é realmente enxaqueca ou outra coisa?" A outra coisa o fez se sentir mais leve. Então eu perguntei: "O que é isso?" Ele começou a rir e eu perguntei: "O que você chama de enxaqueca são, na verdade, orgasmos? Você se enganou e confundiu a dor com orgasmo e orgasmo com dor?" Ele olhou para mim com os olhos arregalados e começou a rir e rir e rir. Eu podia perceber como o mundo inteiro dele havia mudado. Ele ficou ciente do que era verdadeiro. A conscientização faz você se sentir mais leve.

A resposta não estava no nível cognitivo, nem na interpretação, ou na análise. Foi um reconhecimento do que realmente estava acontecendo e o que era verdadeiro para ele. Isso o levou a deixar de ser vítima e a ter poderes para saber o que ele sabe. Foi baseado no que criou mais leveza em seu mundo e corpo.

Ele percebeu quanta alegria estava reprimindo e travando em seu corpo com dor e sofrimento. Lembrou-se de quando as enxaquecas começaram, e foi quando sua família recebeu uma autorização de residência na Suécia, depois de ter esperado por muito tempo. Ele percebeu que se esforçava para ser como os suecos e a se encaixar, controlando-se para não ser demais, e quanto de quem ele realmente é havia sido inibido e suprimido, para não portar-se como o ser alegre e orgástico que realmente é.

Quanta intensidade de você, de ser e de viver, você está escondendo sob a depressão, tristeza, raiva, medo, dor ou qualquer coisa que você diz que não pode mudar, como problemas de dinheiro ou problemas de relacionamento e problemas com o seu corpo? E se você pudesse descobrir as possibilidades implícitas a respeito de todas as mentiras que você está comprando sobre você e usar suas capacidades para você e para a criação de sua realidade?

E se isso for muito mais fácil e rápido do que você poderia imaginar?

Aqui está. Aqui está *você*.

Capítulo Quatro

O Enunciado Aclarador de Access Consciousness— Sendo Harry Potter

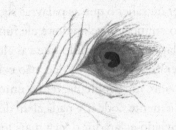

Pronto para mais esquisitice? Aqui está a sua varinha mágica. Eu lhe disse que a mudança pode ser fácil e rápida. Ela se chama enunciado aclarador de Access Consciousness?

"Certo e errado, bom e mau, POD e POC, todas as nove, curtos, garotos e aléns."

O enunciado aclarador é desenvolvido para voltar ao ponto em que você criou as limitações que o impedem de seguir adiante. Ele permite que você limpe, destrua e descrie limitações, para que você tenha novas possibilidades disponíveis. Ele derruba as paredes em que você fica batendo sua cabeça diariamente, como se essa fosse a única escolha que você tem; a barreira que você criou que o impede de ser você. Ele muda o passado, para que você tenha um futuro mais grandioso.

Quando ouvi o enunciado aclarador pela primeira vez, a psicóloga em minha mente protestou veementemente. Estudei minuciosamente por seis anos para entender o comportamento humano e agora vem esse enunciado aclarador para me dizer que as coisas podem mudar assim tão facilmente? Fiquei furiosa. Ainda assim, eu sei que toda vez que uso o enunciado aclarador, ele muda alguma coisa para mim. Então, após protestar por um tempo, pedi à minha mente para ficar de lado e simplesmente usar isso. O que eu tinha a perder? Minha mente? Sim! E a liberdade que aparece é incrível.

Para saber mais sobre essa ferramenta fenomenal, visite www. theclearingstatement.com. A beleza disso é que você realmente não precisa compreender ou saber o que as palavras significam. Você pode simplesmente usar o enunciado aclarador e ele funciona.

O enunciado aclarador aborda tudo que vai além do que a mente lógica pode entender. Se tudo fosse lógico, não existiriam problemas. Descobri que falar sobre um problema, tentar entendê-lo e analisá-lo apenas o leva aonde a mente pode ir, e nada além disso. Isso não dissipa o problema. O enunciado aclarador o leva mais longe e limpa tudo o que é criado pela mente, e tudo o mais que está além dos pensamentos e sentimentos em um nível energético.

Como usar o enunciado aclarador

Faça uma pergunta sobre uma área da sua vida que você gostaria de mudar. Por exemplo, para a depressão, você pode perguntar: Qual é o valor de estar deprimido? Isso pode trazer algumas ideias acerca do valor disso e também trazer uma energia: a energia de qual valor você dá ao fato de ficar deprimido. Você não ficaria deprimido se não houvesse um valor para isso.

Observe que isso não é lógico. Se esse fosse o caso, você já teria descoberto a solução e não teria nenhum problema.

Fazer uma pergunta lhe permite acessar o que mantém as limitações no lugar, além do seu ponto de vista lógico. O enunciado aclarador trabalha no seu ponto de vista lógico – e em tudo o que não seja lógico – para dissipar um problema.

Trabalhei com uma senhora que percebeu que o valor de apegar-se à sua depressão era ficar com o marido. A depressão era como uma cola para o casamento dela. O ponto de vista dela era: enquanto eu estiver deprimida, sou uma vítima e ele terá que cuidar de mim. Quando eu estiver curada, ele não vai mais gostar de mim e me deixará. Como estou deprimida, ele não pode me deixar porque se sentiria culpado. Ela não estava ciente desse ponto de vista antes de fazer a pergunta. Ela achava que queria superar sua depressão e se julgava por nunca ter superado. A depressão dela tinha grande valor, e ela se conscientizou disso.

Este é um exemplo da insanidade que a maioria das pessoas usa para criar suas vidas. Todos esses pontos de vista que as pessoas nem sabem que têm guiam suas vidas.

Que pontos de vista você tem que estão guiando sua vida e mantendo-o em uma limitação constante? Tudo o que isso é, tudo o que vem à tona em seu universo, tudo isso – as coisas que você consegue nomear e as coisas que surgem energeticamente que você nem consegue nomear – você se permitirá desapegar-se delas, além de destruir e descriar tudo isso? Tudo o que você precisa fazer é dizer "sim", se quiser deixar as limitações irem embora. E agora usamos o enunciado aclarador para dissipar, destruir e descriar as limitações.

Certo e errado, bom e mau, POD e POC, todas as nove, curtos, garotos e aléns.

O enunciado aclarador faz com que você se lembre da potência que você é, e que você tem o que se requer para mudar tudo o que deseja em sua vida. Como? Escolhendo isso. Ao dizer sim e optar por destruir e descriar, ele abre a porta para possibilidades mais grandiosas.

Vamos fazer isso juntos.

Qual é o valor de se criar como algo inferior ao que você verdadeiramente é? Tudo o que isso é, você vai destruir e descriar?

Sim? Gratidão.

Certo e errado, bom e mau, POD e POC, todas as nove, curtos, garotos e aléns.

Se você cria problemas e limitações, quanto você está se criando como algo inferior ao que você verdadeiramente é? Quanto de você é necessário bloquear para se fazer tão limitado quanto você está fingindo ser? Um pouco, muito ou mais do que muito? Fazer o enunciado aclarador acima permite que você acesse todos os lugares em que está fazendo isso em sua vida. Você não terá que passar por todas as limitações da sua vida e limpá-las individualmente. O enunciado aclarador é como um grande aspirador de pó que aspira tudo que o impede de ter um espaço limpo. O espaço que você é. O espaço que permite que você escolha sua realidade.

Outra maneira de explicar o enunciado aclarador é com um castelo de cartas. Se você tem um problema, você o está construindo como um castelo de cartas. Você começa a criar o problema em algum momento e depois coloca mais uma camada na parte superior, e depois outra, e mais outra. Você poderia começar a examinar o seu problema olhando para a carta no topo e descendo até chegar à base para descobrir as razões dos seus problemas. Examinar as razões de um problema é um trabalho enorme que não leva a lugar algum, além de se afundar ainda mais no problema. Isso não muda nada.

Eu gosto das coisas rápidas e eficientes. Como um psicólogo, você não deveria ter esse ponto de vista. Meu trabalho deveria ser resolver os problemas de meus clientes. O trabalho nunca foi meu melhor talento e habilidade. Eu gosto de brincar e gosto de mudar as coisas com facilidade e criar possibilidades diferentes. O enunciado aclarador é mais o meu estilo: rápido, fácil e sem efeitos colaterais.

A única coisa que se requer é a escolha. A escolha de deixar de lado as limitações que você criou. Como pode melhorar ainda mais? Isso faz com que você se lembre de que é você quem pode mudar isso, que você tem tudo o que se requer para fazer isso e que você pode mudar isso agora. Mais uma vez:

Qual é o valor de se criar como algo inferior ao que você verdadeiramente é? Tudo o que isso é, você vai destruir e descriar? Sim?

Certo e errado, bom e mau, POD e POC, todas as nove, curtos, garotos e aléns.

Continue executando esse processo para abrir as portas para ser mais Você.

O enunciado aclarador limpa o que você usa para se separar do que é verdadeiramente possível para você. Ele tira você da sua mente e o coloca na pergunta. Perguntas que abrem novas possibilidades. Sua mente lhe dá respostas que o mantêm infinitamente na mesma roda de hamster. São todos os pensamentos, sentimentos, emoções, computações, julgamentos e conclusões sobre o que você deve ou não fazer, o que é certo e o que é errado que mantêm as limitações. Eles mantêm você em um estado constante de pensar, fazer e calcular. Tudo isso tem uma carga elétrica e mantém você dentro da polaridade.

Estar além da polaridade permite que você acesse seu espaço, onde pode escolher o que gostaria de criar como a sua vida, que pode ser diferente a cada momento. O uso do enunciado aclarador facilita que você tenha acesso a tudo isso, pois dissipa a carga positiva e negativa em todas as áreas da sua vida.

O que mais é possível? A pergunta, a escolha, a possibilidade e a contribuição que gera o movimento progressivo em sua vida. Quando você faz perguntas que abrem as portas para a grandiosidade, você pode ir além do que jamais imaginou e o universo inteiro contribui para você.

Eu uso o enunciado aclarador quando me conscientizo de uma limitação que estou escolhendo abandonar e o uso com meus clientes.

Capítulo Cinco

Pensamentos, Sentimentos e Emoções para Ser Normal

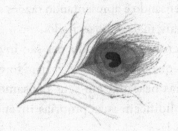

As pessoas se definem como elas pensam que são, o que significa que elas definem a si mesmas e o mundo delas pensando e sentindo. Pensar, sentir e se emocionar têm grande valor nessa realidade, principalmente na Psicologia. O ponto de vista é que, para mudar qualquer coisa, é preciso entender o que está acontecendo (em que se está pensando) e é preciso sentir e se emocionar.

Entender, em inglês, significa ficar sob algo (*understand*), exatamente o que você faz quando tenta entender algo ou alguém. Você está se colocando sob a coisa ou a pessoa para tentar entender por que algo ou alguém é do jeito que é. Dessa forma, você se torna menos, diminui sua conscientização e seu saber para colocar o que está acontecendo na caixinha de pensamento com o objetivo de entender.

A questão é: qual é o valor do entendimento? Isso resolve alguma coisa? Isso realmente muda alguma coisa? Ou você apenas exercita seu cérebro até achar que chegou a algum tipo de conclusão? Você sabe como é quando fica tentando entender alguma coisa, e pensa e pensa, e tudo fica cada vez mais pesado. Nada muda nem dá clareza nenhuma sobre o que está acontecendo. O resultado é a frustração. Pensar é uma tentativa de mudar alguma coisa, mas tudo o que isso faz é levar você a um lugar ainda mais fundo na toca do coelho para encontrar uma conclusão que, de alguma forma, é satisfatória, embora não seja.

Existem milhões e milhões de razões pelas quais as coisas e as pessoas são do jeito que são e agem do jeito que agem. Você pode gastar todo o seu tempo pensando e apresentando razões e causas, e à medida que levanta mais itens, mais disso é criado.

Pensamentos, sentimentos e emoções são invenções e não uma realidade, a menos que você os torne reais. No entanto, as pessoas sofrem todos os dias baseadas em seus pensamentos, sentimentos e emoções. Elas solidificam suas próprias invenções, encontrando histórias para apoiá-las.

Toda vez que você diz a si mesmo que está triste, você decidiu que está triste e depois apresenta todos os tipos de razões pelas quais está triste. As pessoas são muito criativas quando se trata disso. "Ah, meu vizinho acabou de me olhar de um jeito engraçado, tenho certeza de que ele não gosta de mim e, a propósito, meu cachorro também me olhou de um jeito engraçado. Eu sei o motivo para ninguém gostar de mim, eu sou uma pessoa muito ruim..."

Pensar, sentir e se emocionar, sexo e não sexo é como você se encaixa nessa realidade. O pensamento é usado para chegar a uma conclusão, para descobrir qual é a escolha certa. É onde você está em constante julgamento e em constante decisão, conclusão e computação. Ele está usando você como uma máquina de calcular para navegar por essa realidade para fazer tornar tudo certo e não cometer nenhum erro, para ganhar e garantir que você não perderá.

Sentir é como você transforma tudo a respeito do que está ciente, tudo o que está percebendo, em algo que deve ter a ver com você. Você fica ciente de algo, compra isso como seu e depois conclui que isso é relevante e importante para você.

As emoções são usadas para provar que você é um ser humano real. As emoções são muitas vezes uma prova de que você se importa, em vez de reconhecer que já se importa e não precisa provar seu cuidado.

Sexo e não sexo são as únicas maneiras nesta realidade em que as pessoas se permitem receber. Elas dizem: "Essa é uma pessoa com quem eu farei sexo", o que significa que é uma pessoa de quem elas receberão. "Essa pessoa é tão fracassada que eu nunca faria sexo com ela", significa que elas estão cortando o recebimento dessa pessoa e de todas as outras que são semelhantes a essa.

O que está além do pensar, sentir, se emocionar, do sexo e não sexo? Ser, saber, perceber e receber.

O espaço em que você é você mesmo, para saber tudo, perceber e receber tudo, sem se apegar a isso e sem ter um ponto de vista sobre algo.

Bem-vindo a um mundo diferente. Bem-vindo a *você*.

É aqui que você tem total liberdade e não é mais o efeito da polaridade deste mundo. Pensar, sentir, se emocionar, sexo e não sexo exigem que você seja finito e se diminua para se encaixar nessa realidade e fazer o que é normal, o que é bom e o que é considerado ruim, real. Ser, saber e perceber é onde você é o ser infinito e expansivo que é de verdade. *Isto é ser o espaço onde tudo é possível.*

Parece tão utópico e, sabe de uma coisa? Descobri que isso é possível e que esse é o jeito mais fácil de ser o espaço que se possa imaginar. Ser, saber, perceber e receber tornam as coisas nesta realidade muito mais fáceis, e você ainda pode ir além dela. A porta está se abrindo para você agora. Você está passando por ela, para a liberdade de ser você?

Quando convido as pessoas para essa possibilidade diferente de ser, saber, perceber e receber, muitas vezes elas me dizem que isso não é possível, que é preciso pensar e sentir para funcionar e que é necessário pensar e sentir para sobreviver, além de fazer o que se requer diariamente, como trabalhar.

Quando eu estava na Austrália em uma classe intensiva de sete dias de Access Consciousness, isso abriu as portas para eu ser o espaço que realmente sou. Não havia pensamentos, sentimentos ou emoções na minha cabeça, apenas tranquilidade e alegria. Ao chegar ao aeroporto para pegar o voo de volta da Austrália, recebi um formulário que eu deveria preencher com todos os tipos de informações sobre mim. Lembrei-me do meu nome, que era ótimo, então eles me pediram outras informações, que eu encontrei no meu passaporte, e então eles me perguntaram a data. Normalmente não sei a data, então apenas olhei para o meu iPhone. E então eles pediram o ano. Bem, novamente eu verifiquei meu iPhone, apenas para descobrir que não havia nenhum lugar dizendo que ano era aquele. Então eu fiquei lá e comecei a rir da diversão de não saber que ano era, percebendo como isso não importa.

Quando aplico testes psicológicos, uma das coisas que perguntamos ao cliente em testes neuropsicológicos é o ano, para levantar mais informações sobre as capacidades cognitivas do paciente.

E lá estava eu no aeroporto, totalmente reprovada no teste e me divertindo muito com isso. Então perguntei: "O que mais é possível?" Eu sabia que poderia perguntar a alguém: "Com licença, em que ano estamos?" Eu provavelmente teria recebido um olhar de pena. Então, perguntei novamente: "O que mais é possível?" E mais uma pergunta: "Universo, por favor me ajude aqui, estou tendo um momento não muito brilhante, em que ano estamos? Como as pessoas chamam este ano?" Imediatamente o número 2010 veio à minha consciência. O engraçado é que não consegui verificar em meu cérebro se esse número estava certo ou errado, mas sabia sem dúvida que estava correto. E estava. Foi quando eu percebi a diferença entre pensar e saber. E que eu posso apenas pedir as informações de que preciso e que eu sei.

Saber é muito mais rápido e mais leve do que pensar, que leva tempo. O pensamento é baseado nos julgamentos, na polaridade do certo ou do errado. Saber é receber as informações sem um ponto de vista.

É assim que reservo minhas passagens de avião e faço reservas de hotel e todas as outras coisas que fazem parte desta realidade. Pergunto: "Em que hotel será divertido e fácil me hospedar? Que hotel facilitaria minha vida?" E então eu sei sem ter que descobrir ou comparar hotéis.

Um tempo atrás reservei um hotel na Costa Rica e, quando cheguei lá, alguns moradores me perguntaram o porquê de eu ter escolhido aquele hotel. Eu queria saber por que eles estavam me perguntando isso. Eles disseram que aquele é o melhor hotel de toda a praia e quase ninguém parece saber disso. O preço é ótimo e tem a vista mais bonita da praia. Eles perguntaram como eu consegui encontrar. Fácil: perguntando e confiando no meu saber.

Eu poderia ter acessado a Internet, procurado hotéis e feito a comparação entre eles, além de trabalhar duro para encontrar algo que considero bom. Mas fiz uma pergunta e segui meu saber. Saber é perceber o que é leve e expande seu universo. Pensar leva tempo e tem mais peso, e se você pensar muito, isso causa dor de cabeça.

Ser, saber, perceber e receber é possível para todos nós quando deixamos de lado a necessidade de pensar, sentir e se emocionar.

A maneira pragmática de encarar isso é perguntar: o pensamento, o sentimento e a emoção são *reais*? Eles estão levando você aonde você gostaria de ir? Estão lhe dando a liberdade que você deseja? Em outras palavras, isso realmente funciona para você? E você pode escolher algo que seja uma alternativa ao pensar, sentir e se emocionar e não uma necessidade para viver nessa realidade?

Quando assisto a filmes como Avatar, eu choro. Gosto dos sentimentos e emoções que surgem, da conscientização e do conhecimento alegre de uma possibilidade maior. Tudo é incluído. Nada é julgado. Os sentimentos são uma escolha e eu os aprecio. Eu não tenho o ponto de vista de que sentimentos são uma necessidade. Eles são uma invenção. A maioria das pessoas simplesmente os compra como reais e poucas fazem perguntas sobre eles. As pessoas apenas assumem que o sentimento, especialmente o sentimento ruim, faz parte do negócio de estar neste planeta e é natural.

E se não for? Você já se perguntou o que mais é possível? Você de alguma maneira sempre soube que ser você e estar neste planeta poderia ser muito mais fácil e mais alegre? Sim, é possível. Como isso é possível? Fácil: escolha isso. Permita-se ser a diferença que você realmente é, a controvérsia, o desvio da norma. O que você tem a perder? O que você é pode mudar o mundo. O seu mundo.

Como acessar o ser, saber, perceber e receber

Aqui estão as ferramentas para você:

A quem pertence isso?

O que é leve é verdadeiro, o que é pesado é uma mentira.

Muitos dos seus pensamentos, sentimentos e emoções não são seus. Isso faz você se sentir mais leve? Pergunte ao seu corpo. Você acabou de relaxar um pouquinho mais? A maioria do que você pensa e sente não é seu. A maioria dos problemas com que você tenta lidar diariamente não é seu. Você está simplesmente ciente dos pontos de vista, dos pensamentos, sentimentos e emoções que acontecem no mundo o tempo todo. Quando você encontra uma pessoa que está triste, você sabe que ela está triste sem que ela lhe diga. Você percebe a tristeza dela. O que a maioria das pessoas faz quando percebe a tristeza é concluir que essa tristeza é delas e dizer: "Estou muito triste". O fato de você estar ciente da tristeza e de percebê-la não significa que a tristeza seja sua.

Então, o que é possível fazer com essa informação? Quando houver algum tipo de peso em seu mundo, um sentimento, uma emoção ou um pensamento, pare e pergunte: "A quem pertence isso?" Quando o peso, o pensamento ou o sentimento desaparecerem, você verá que eles não são seus, você simplesmente os percebe. Se eles não desaparecerem, você pode se perguntar: "Verdade, eu comprei isso como meu?" Se você receber um "sim", saberá que está se apegando a isso. E agora você tem a opção de continuar se apegando a isso ou permitir que isso se vá. Como? Apenas deixe ir.

Qual é o valor de comprar pensamentos, sentimentos e emoções como se fossem seus? Muitas pessoas concluem que só porque estão cientes deles, precisam fazer algo a respeito. Muitas vezes não há nada a ser feito. Apenas receba a conscientização e se permita apreciá-la, não importa o que seja. Pergunte: "Posso mudar isso?"

Paul McCartney estava certo. Se você não pode mudar algo, deixe isso para lá.

Muitas pessoas tentam cuidar dos outros assumindo pensamentos, sentimentos, dor e o sofrimento deles. Elas levam tudo isso para seus corpos como uma tentativa de curar o outro. Às vezes funciona por um tempo. O outro pode se sentir melhor, mas se não estiver interessado em abandonar o problema, em breve criará um novo problema. E então vocês dois estarão sofrendo.

Tive alguns clientes cujos filhos estavam cuidando do sofrimento dos pais e os pais não estavam dispostos a deixar a dor de lado. Então a criança sente a dor dos pais e se sente um fracasso por não conseguir curar seus pais. Também atendi famílias em que tanto os filhos pegavam para si o sofrimento de seus pais, como os pais pegavam para si o sofrimento de seus filhos, e toda a família se sentia mal e não tinha ideia do motivo. Quando acessamos a conscientização deles sobre isso, eles modificaram o que estava acontecendo e toda a família mudou.

Como você sabe se é seu ou não?

O que faz você se sentir leve é verdadeiro, o que for pesado é uma mentira. Essa é uma excelente chave para a liberdade que você sempre soube que era possível e nunca soube como acessar. O que aprendemos e a maneira como as pessoas funcionam nessa realidade é que, se for pesada e sólida, deve estar certo. "Deve estar certo" é uma conclusão. O que é pesado, sólido e denso, como sofrimento e dor, "deve ser" real. É assim mesmo? O que você sabe?

O que é leve e o que faz seu corpo relaxar, seu coração cantar e expande sua vida, é realmente o que é verdadeiro para você. Todo o resto são invenções, mentiras e coisas que os outros tornam real.

Como você gostaria que sua vida fosse? Obtenha a energia disso. É pesado e denso ou leve e fácil? Muito provavelmente, será leve se você deseja alegria e facilidade. Para criar esta vida, basta escolher o que corresponde a essa energia. Escolha o que é leve. Se você tem duas pessoas que gostariam de sair com você, se você está escolhendo o que comer ou qual profissão seguir, escolha a que mais combina com a energia que você gostaria que sua vida tivesse. Você pode usar isso para qualquer escolha, como filmes, amigos, comida, situações de vida e assim por diante. Escolher o que combina com a energia da sua realidade é onde todas as escolhas que você faz contribuem para o que você está criando. É aqui que você começa a criar sua vida, em vez de simplesmente sobreviver a essa realidade.

Ficar atento e consciente é como você recebe tudo e não julga nada. Receber tudo significa não ter barreiras para as informações ao seu redor. É quando você deixa as informações passarem por você e se torna a pergunta sobre o que é possível em relação ao que você está ciente. Toda conscientização pode ser o ponto de partida para uma possibilidade maior.

Muitas pessoas pensam que, se estivessem totalmente conscientes de tudo, isso seria demais; elas ficariam sobrecarregadas e teriam que se proteger do excesso de informação. Deixe-me perguntar: isso é verdade ou se proteger colocando barreiras requer muita energia? E existe algo de que você tenha que se proteger?

As pessoas dizem que há energia boa e ruim. Não, só há energia. Quando você julga sua conscientização e julga a energia como ruim, acaba decidindo que isso machucará você. E adivinhe, seu ponto de vista cria sua realidade; a realidade não cria seu ponto de vista.

Em vez de estar totalmente consciente, a maioria das pessoas prefere ficar com suas mentes e cérebros, assim elas não têm que saber o que sabem. E assim se torturam e se distraem com seus filmes mentais que não conseguem acessar e receber tudo a respeito de que seus corpos estão cientes.

Tive um cliente recentemente, um jovem que gosta muito disso e é torturado por sua masturbação mental. Ele tenta entender o mundo, o que não faz sentido nenhum para ele, e que nunca fez. Ele tenta descobrir por que as pessoas fazem o que fazem e dizem o que dizem, e ele rastreia as reações delas para ele. Ele tem Síndrome de Asperger, mas você não tem que ter a síndrome para que isso se aplique a você.

Ele nunca aprendeu a lidar com tudo o que sabe e percebe; portanto, sua maneira de lidar com isso é entrar em seu cérebro e criar seu próprio mundo. Isso funciona para ele. Mas é preciso muita energia para manter a máquina mental funcionando e para garantir que esse local particular seja mantido.

Ele bloqueou a conscientização recebida de seu corpo. Os corpos são órgãos sensoriais que captam informações do mundo o tempo todo. Ao permanecer em seu cérebro, ele criou uma separação em que não pode desfrutar de seu corpo. Ele diz que o corpo está sempre neutro e não tem alegria. Não ter conexão com o seu corpo interrompe todo o recebimento de tudo e todos ao seu redor, inclusive de você. É como querer encher seu copo com uma bebida deliciosa, que o refresca e o nutre, mas você trancou a porta da geladeira. Cada molécula existe para contribuir para você e seu corpo. Bloquear essa conexão para ficar seguro e não ser perturbado sozinho em seu cérebro bloqueia todos esses prazeres, possibilidades e energias criativas que estão disponíveis para você.

Receber aquilo que você está ciente cria uma diversão totalmente diferente para você.

E se sua conscientização não for uma ofensa que possa ser julgada? E se não for boa nem ruim, apenas informações que você pode usar da maneira que desejar? Isso significaria mais liberdade para você.

Forrest Gump é um ótimo exemplo. Nada derruba aquele homem. Ele poderia estar no meio de uma guerra e receber tudo sem nenhum ponto de vista. Ele recebe tudo e usa isso para criar sua realidade. O que quer que ele faça, ele o faz por gentileza e bondade. Não há julgamento no mundo dele. Não há necessidade de provar nada. E nada é significativo para ele. As coisas mudam e ele permite que elas mudem sem se apegar a nada. Sem forma, sem estrutura e sem significado. Ser desse jeito o leva mais longe do que qualquer outra pessoa. Que homem esperto!

E se a conscientização e a consciência forem a nova esperteza?

A vida é como uma caixa de bombom... Nós não sabemos como ela será, mas podemos escolher que ela apareça...

CAPÍTULO SEIS

JULGAMENTOS—O BECO SEM SAÍDA

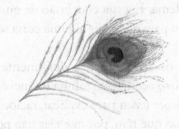

Julgamentos são o que as pessoas usam para criar suas vidas. É como as pessoas descobrem se o que estão vendo e escolhendo é certo ou errado, bom ou mau, e se gostam disso ou não. A maioria das pessoas vê o mundo apenas através do filtro de seus julgamentos.

Um tempo atrás, eu estava em uma ópera em Viena e a música fluía pelo meu corpo, vitalizando todas as células. O tenor estava expandindo o mundo das pessoas na plateia com sua voz. No intervalo, eu estava muito feliz e agradecida pela música e pelos cantores. Enquanto pedia uma taça de vinho, ouvi a conversa de uma mulher que dizia: "Bem, ele está cantando bem hoje, mas ouvi dizer que ele não atingiu todas as notas que deveria." A amiga dela concordou e elas continuaram a julgar. Uau. É sério? Diante de tamanha beleza, essas pessoas escolheram julgar e interromper a possibilidade de receber a contribuição da voz do tenor e da música para suas vidas e seus corpos. Que maldade consigo mesmas...

Toda vez que você julga, você corta o que está disponível para você receber. Tudo o que não corresponde ao seu julgamento não pode entrar no seu mundo.

As pessoas com quem trabalho estão em constante julgamento de si mesmas. Toda vez que se olham, olham através dos olhos do julgamento. Elas decidiram e concluíram que estão erradas, são terríveis, inúteis ou feias. Ter o ponto de vista de que há algo errado com seu corpo, seu relacionamento ou sua situação financeira ou consigo mesmo é o que está criando o problema. É a sua conclusão de que existe algo errado que não deixa espaço para que mais alguma coisa seja criada ou venha para sua vida.

O erro de todos os tipos e formas geralmente se justifica assim: "No passado, isso e isso aconteceu, minha infância foi isso e aquilo", é a história que as pessoas usam para explicar, raciocinar e justificar por que têm os problemas que têm, por que elas não podem mudar isso e por que a vida delas é tão difícil.

Eu nunca ouço, conto ou compro a história. Quando os clientes dizem: "Esses são os meus problemas, porque..." eles estão começando a história. Tudo o que vem depois do "porque" justifica as razões de terem um problema, de estarem certos em ter o problema e que eles não podem mudar o que dizem que gostariam de mudar. Isso faz com que eles mantenham o ciclo do problema que possuem. Ouvir e comprar as histórias das pessoas é dizer que elas estão certas em mantê-las e que elas são realmente vítimas da própria história.

O que mais é possível?

Fazer perguntas empodera as pessoas a não comprarem suas histórias e a não se verem como vítimas. Isso as convida a ter consciência de que elas têm o que se requer para mudar o que desejam mudar.

Quando meus clientes percebem que suas razões e justificativas para terem problemas são simplesmente histórias que eles criaram e que suas histórias não são reais ou fixas, eles ficam leves ao perceberem que podem abrir a porta para uma realidade inteiramente nova para suas escolhas.

Toda história é apenas um ponto de vista interessante. Você pode vê-la de várias maneiras, e dependendo do humor em que você está e com quem você conversa, sua história muda. Seu passado é como você o julga. Não há nada fixo sobre isso. São seus julgamentos sobre sua história que determinam como você calcula o que é provável para você no futuro. Trata-se de criar seu futuro com base em seu passado, o que não lhe deixa muitas opções. Você escolhe usando o menu do seu passado.

Que tal deixar seu passado ser um ponto de vista interessante em vez de um ponto de vista fixo? Que tal deixar seu passado não ser significativo e permitir que ele seja o que você escolheu ser e fazer antes deste momento? Que tal se permitir escolher ser quem você é agora? Quantas opções você teria disponível? Seu menu acabou de aumentar drasticamente, não é?

Muitas pessoas não foram reconhecidas por seu brilhantismo quando eram crianças. Elas foram julgadas principalmente por não serem boas o suficiente. E se você se tratasse da maneira como gostaria de ser tratado, em vez de sofrer pela maneira como foi tratado? Isso não mudaria seu futuro?

As histórias podem ser divertidas quando expandem seu mundo e inspiram você, e não para você usá-las para justificar suas limitações.

Eu estava trabalhando com uma mulher que foi abusada sexualmente quando era adolescente. Estávamos conversando sobre o abuso e ela disse que não queria mais ser limitada pelo seu passado. Ela estava usando o abuso para justificar que não podia mais aproveitar sua vida e para odiar o corpo dela. Quando ela se deu conta disso, ficou disposta a parar de justificar suas limitações, e isso abriu a porta para que ela pudesse receber minha facilitação para mudar o que o abuso criou em seu mundo e em seu corpo. Ao abordar o que foi criado pelo abuso, a energia que estava presa em seu corpo pôde ser liberada.

Em sua sessão, uma semana depois, ela estava com um grande sorriso e disse que muita coisa havia mudado para ela. Agora ela gosta de seu corpo, e é como se o abuso nunca tivesse acontecido. Não é mais relevante. Ela mudou seu passado. Ela é uma pessoa diferente agora e sabe que pode escolher o que quiser.

O que você está escolhendo?

Você está disposto a parar de se julgar?

Quanto você está tentando provar que é bom o suficiente e não está errado ao provar a si mesmo e aos outros como é inteligente? Provar que você é inteligente requer julgamentos constantes de si mesmo. Você está em constante vigilância de si mesmo para descobrir se é inteligente o suficiente ou não. Tudo o que você consegue é ver fumaça saindo da cabeça.

Outro julgamento que as pessoas usam é provar quanto elas são cada vez mais idiotas – para não saberem quanto são realmente inteligentes.

Todo mundo tem sua própria maneira de se julgar pelas capacidades que realmente têm à disposição. Ser a grandeza que você é requer que você esteja em total permissão de si mesmo. A total permissão é quando você recebe tudo e não julga nada. É onde você não precisa mais esconder nada de si mesmo e dos outros com o ponto de vista de que qualquer parte de você é feia demais para que os outros vejam. Toda a feiura se torna um ponto de vista interessante. Não é mais real. Apenas um ponto de vista interessante.

Vamos brincar com essa ferramenta. Pegue algo que considere errado, terrível e feio em si mesmo. Agora diga a esse ponto de vista: "Ponto de vista interessante que eu tenho esse ponto de vista." Olhe para o ponto de vista novamente como ele é agora e diga mais uma vez: "Ponto de vista interessante, eu tenho esse ponto de vista" e perceba como está agora... e repita: "Ponto de vista interessante, eu tenho esse ponto de vista". Agora, observe novamente o seu ponto de vista. Está mudando?

Para pontos de vista e julgamentos que você manteve por um longo tempo, talvez seja necessário fazer isso 20 vezes ou mais. Faça isso até ficar mais leve ou até que você comece a relaxar. Algumas pessoas começam a rir quando fazem isso, ao perceberem como é engraçado ter os pontos de vista que têm e como é relaxante se desapegarem deles.

Você pode usar esta ferramenta para tudo o que "parece" pesado. Você pode usá-la para seus pontos de vista e para os pontos de vista de outras pessoas. Por exemplo, se alguém disser que você fez algo errado ou que não é bom o suficiente, diga na sua cabeça: "Ponto de vista interessante que ele(a) tem esse ponto de vista", até você perceber que o que eles dizem não é nada além de um ponto de vista, e não uma realidade.

Eu tive um cliente cuja esposa o acusava de todo tipo de coisa. Independentemente do que fazia, ele estava errado. Ele se sentia péssimo e tinha o ponto de vista de que todos os problemas que eles tinham no casamento eram culpa dele. Ele tentou de tudo para fazer as coisas certas para sua esposa. Eu mostrei a ele a ferramenta do "ponto de vista interessante" e ele a usava toda vez que sua esposa o julgava. Ele baixava todas as barreiras e repetia mentalmente: "Ponto de vista interessante que ela tem esse ponto de vista" (não de maneira sarcástica), até que ele não tornasse mais real o ponto de vista dela. Ele conseguia receber o que ela tinha a dizer, o que tornava as broncas dela muito mais curtas do que costumavam ser, já que ela se sentia acolhida e não precisava provar a exatidão do ponto de vista dela.

Quando todos os pontos de vista do mundo não passam de um ponto de vista interessante, a significância dos julgamentos desaparece. Eles não são mais relevantes. Eles apenas são o que as pessoas usam para se tornarem reais e se adaptarem. Permitir que você seja diferente e não tentar mudar a si mesmo para se encaixar nos julgamentos de outras pessoas abre a porta para a escolha. Você pode receber tudo e todos como um ponto de vista interessante e como informação que você pode usar para criar sua vida. É aqui que a vida se torna pragmática em vez de complicada.

A escolha é onde você pode mudar de direção a cada momento. Se você acabou de ficar chateado com alguém, pode escolher novamente. Gostaria de continuar chateado ou gostaria de ir passear no parque? E se nenhuma opção tiver que durar mais que dez segundos? Você fica chateado por dez segundos, os dez segundos acabam, e você pode escolher algo diferente.

Por exemplo, digamos que você acabou de gritar com seus filhos e se sente mal por isso. Em vez de se sentir mal, você pode receber a escolha que acabou de fazer sem julgamento e dizer aos seus filhos: "Sinto muito, acabei de ser um péssimo pai. Por favor, me perdoem." E siga em frente. Aqueles dez segundos de escolha de gritar terminaram. Você não prejudicou seus filhos com isso. Você acabou de mostrar a eles que, às vezes, é possível fazer escolhas que não são tão expansivas e que não há necessidade de julgá-las, pois sempre há a possibilidade de seguir em frente e escolher novamente. Não se sentir mal consigo mesmo é o maior presente que você pode ser para seus filhos, para inspirá-los a não se julgarem no futuro pelas escolhas que fazem.

A verdadeira criação não provém do julgamento sobre o que é certo ou errado, mas de fazer perguntas e escolher e escolher novamente. A escolha cria conscientização.

Muitas pessoas confundem julgamento com conscientização. A diferença entre uma conscientização e um julgamento é a energia. Um julgamento tem um peso; é positivo ou negativo. Uma conscientização não tem um peso; é leve. A conscientização faz você se sentir leve. Os julgamentos são pesados.

Por exemplo, se você pensa que alguém está sendo mau, pergunte se isso é um julgamento ou uma conscientização. Mesmo o reconhecimento da maldade de alguém é leve quando se trata de uma conscientização. O que é grandioso nisso é que você pode usar sua conscientização como informação e saber que essa pessoa pode não ser alguém com quem você gostaria de sair para jantar. Consciência inclui tudo e não julga nada, nem mesmo a maldade.

Um dia, enquanto me arrumava para trabalhar, tive esse saber de ficar em casa e não sabia o motivo. No dia seguinte, ouvi que um homem com uma arma entrou no escritório e ameaçou os funcionários. Refletindo sobre aquilo novamente, a conscientização de não ir trabalhar naquele dia era leve e não tinha peso, embora se tratasse de uma ameaça. Confiar em meu saber e não me julgar errada por não ir trabalhar naquele dia definitivamente tornou minha vida mais fácil.

Invenções da mente

Toda chateação que você tem é algo que você alimenta e torna real. Você usa sua energia, tempo e criatividade para tornar suas chateações reais e encontrar evidências de que elas são maiores do que sua capacidade de mudá-las. Examine o seu dia para descobrir quantas chateações você teve em apenas um dia, com sua família, seus filhos, seus colegas, você, seu corpo, seu dinheiro, seus negócios... Toda vez que há falta de facilidade, que é o seu estado natural, você está criando uma chateação e fazendo com que ela se torne real.

Que inventor grandioso e glorioso você é; inventar suas chateações todos os dias, o tempo todo, apenas para ser normal e real como todo mundo. E se você pudesse usar sua capacidade de invenção e criatividade a seu favor e criar algo que realmente funcione para você?

Quantas de suas chateações são inventadas e, na verdade, são conscientizações que você não reconheceu e distorceu como julgamentos que estão criando os problemas em sua vida? Se você não entendeu uma palavra do que acabou de ler, isso é totalmente apropriado. Apenas ria e consinta com a cabeça. É isso que nós, estrangeiros, fazemos quando não entendemos e queremos apenas ser educados.

Não entender é exatamente aonde gostaríamos de chegar. Este é o ponto em que você não cria mais a partir das limitações da sua mente e se abre para o seu saber, que às vezes parece que de repente não está recebendo mais nada. Aproveite para consentir com a cabeça. Ler ou ouvir algo assim e não recebê-lo serve apenas para informar que isso é para você. Quando isso é para você, seu cérebro não absorve mais isso, pois vai além de sua capacidade de pensar. Este é o ponto em que você pode ir além de suas limitações. Não se preocupe, seja feliz, grato e continue lendo.

Por exemplo, quando você está ciente de que alguém o está roubando, você acabou de receber informações que você pode usar a seu favor. Pergunte a si mesmo o que você gostaria de escolher para facilitar sua vida. Gostaria de conversar com a pessoa, ou simplesmente deixar para lá, ou o que mais você poderia escolher para expandir sua vida? Receber essa conscientização permite que você saiba que tem escolha.

Se você recebesse a conscientização de que você está sendo roubado por alguém, mas se julga dizendo: "Devo estar errado, que pensamento terrível, essa pessoa nunca me roubaria..." Você acabou de transformar uma conscientização em um pensamento e um julgamento, e criou uma invenção, que cria uma chateação em sua realidade.

Vamos colocar o enunciado aclarador em ação para mudar isso!

Quanto da sua conscientização você está transformando em pensamentos, sentimentos e emoções?

Tudo o que veio à tona ao fazer essa pergunta, você vai destruir e descriar?

Certo e errado, bom e mau, POD e POC, todas as nove, curtos, garotos e aléns.

Eu recomendo veementemente correr esse processo muitas vezes para acessar sua consciência e se libertar de tudo o que você tornou real e que não é real. Correr esse processo significa repetir essa frase em voz alta ou na sua cabeça. Se você correr o processo para si mesmo, basta substituir o "você" na frase por "eu".

A próxima coisa é defender a invenção. Depois de inventar alguma coisa, você a defende. Por exemplo, se você inventou o ponto de vista de que ninguém gosta de você, defenderá essa invenção procurando evidências de que ninguém gosta de você. Você projetará nas outras pessoas que elas não gostam de você, observará o rosto delas para encontrar sinais de que elas não gostam de você, você colocará na cabeça delas que elas não gostam de você, e elas provarão isso o evitando ou sendo grosseiras com você.

Consegue ver como isso funciona? É insano! E tudo não passa de uma invenção.

Como você muda isso?

Ficando consciente disso. Ficando mais e mais consciente de que a chateação em sua vida é apenas uma invenção; escolher desapegar-se disso é o que se requer para mudar a situação.

Para tornar isso ainda mais fácil, você pode correr o seguinte processo muitas vezes:

Que invenção estou usando para criar a preocupação que estou escolhendo? Tudo o que isso é, você vai destruir e descriar?

Certo e errado, bom e mau, POD e POC, todas as nove, curtos, garotos e aléns.

Capítulo Sete

De Sintomas a Diagnósticos e Onde Você se Encontra

Reduzir os sintomas a categorias chamadas diagnósticos é uma das principais maneiras de criar organização na área da saúde mental. As pessoas são tão complexas em seus modos de pensar e se comportar que isso gera caos e uma necessidade de colocar as coisas em ordem. Existem tantas regras sobre como se comportar, o que é certo e o que é errado, que muitas pessoas se sentem perdidas e fazem desesperadamente tudo o que podem para acertar, ser aceito e se encaixar.

O sistema de diagnóstico é um ponto de referência para julgar o que é normal e certo, e o que não é normal. É uma criação que muda a cada ano e é desenvolvida para dar sentido a algo que realmente não faz sentido. A maioria das pessoas se sente "errada" e, em seguida, obtém evidências de como está errada e doente quando recebe um diagnóstico. Outros usam o diagnóstico como razão e justificativa de que são incapazes de criar suas vidas. Mudar isso e deixar de lado os pontos de referência e definições de si requer muita coragem.

O diagnóstico nunca me auxiliou realmente em meu trabalho. Eu reconheço como cada paciente é diferente. Uma pessoa pode se encaixar em muitos diagnósticos ao mesmo tempo ou em nenhum deles. Nas vezes em que consultei meu livro de diagnóstico e finalmente encontrei um diagnóstico correspondente, nunca tive certeza do que eu realmente havia realizado. Categorizei os sintomas de uma pessoa. Tudo bem. E agora? O que fazer com esta informação?

Enquanto escrevo este texto, acho difícil escrever sobre um assunto de cada vez. Como há muitas coisas que eu gostaria de dizer, tantas coisas que descobri que são tão diferentes da Psicologia atual, que eu gostaria de escrever tudo de uma só vez. Estou certa de que também há um diagnóstico para isso. Na verdade, estou com TDAH, DDA, autismo e TOC, tudo ao mesmo tempo, e sou psicóloga; além disso, pareço totalmente normal (o que quer que isso signifique).

Observe que eu disse que estou com "TDAH". Há uma diferença entre ter um diagnóstico e *estar com um*. Ter um diagnóstico significa ter sintomas que podem ser reduzidos a uma categoria específica. Esses sintomas estão escritos em livros que podem ser encontrados na estante de todos os psiquiatras. Eles são apenas invenções. Estar com TDAH é ter as capacidades que esses chamados diagnósticos escondem. Sim, está correto, usei a palavra "capacidades". Mais adiante, neste livro, explorarei com você quais são essas capacidades.

Estive em muitas palestras e li muitos livros que abordam TDAH, DDA, autismo e outros diagnósticos mentais como distúrbios ou déficits. Essas pessoas realmente têm "deficiências"? Ou são apenas diferentes? Se olharmos mais de perto, podemos perceber e receber as possibilidades.

O que você sabe que não se permitiu saber? Se você vai além do que é certo e real nesta realidade e além do que você foi levado a acreditar, o que você realmente sabe que é possível para você e para o mundo?

As pessoas que foram diagnosticadas costumam usar esses rótulos para descrever quem elas são. Elas se criam de acordo com os sintomas resumidos no diagnóstico "delas" e, com isso, validam a realidade de outras pessoas sobre como deveriam ser. Elas fazem uma imagem de quem elas são baseadas na limitação do diagnóstico. Eu já presenciei isso em muitos pacientes na área de saúde mental. Com o rótulo "depressão", eles ficaram ainda mais deprimidos, já que tinham uma razão e uma justificativa para estarem deprimidos.

Até as teorias funcionam como diagnósticos. São estruturas e respostas que lhe dizem o que é certo e o que é errado e qual caminho seguir. Você pega a sua vida e a encaixa na teoria para explicá-la e entendê-la. Você usa a teoria como ponto de referência para encontrar a solução. Mas na solução está a armadilha. Você usa uma resposta para explicar a vida que está lhe desempoderando.

Uma resposta desempodera.

Uma pergunta empodera.

Como uma teoria ou um diagnóstico podem saber mais sobre você do que você sabe sobre si mesmo?

Eu lhe convido a saber o que você sabe, em vez de considerar o ponto de vista de outra pessoa como algo mais importante do que o seu saber. E se você pudesse ser quem você quisesse ser, em vez de tentar se adaptar à caixa que o diagnóstico determina como esta realidade?

Capítulo oito

O Espaço Chamado Você – É Esquisito, É Maluco, Mas Funciona

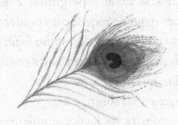

Quanto você está tornando a sua vida mais difícil do que tem que ser? A quantos dos seus chamados problemas você está se apegando, porque é isso que se faz nessa realidade? Você tem que ter um problema para ser real. Todo mundo tem um, então por que você não deveria ter um também? Quem você seria sem um ou dois problemas? Você já decidiu que seria muito diferente, muito estranho, se não criasse uma deficiência que o torna tão limitado quanto todas as outras pessoas? A vida é como golfe. Tudo tem a ver com comparar desvantagens. Verdade? Essa é *realmente* a sua realidade?

O que você está tornando real que não é real?

Lembre-se: o que faz você se sentir leve é verdadeiro, o que faz você se sentir pesado é uma mentira. Uma ferramenta que você pode usar para tudo. Quando você quer saber se algo é uma invenção e não é real, perceba a energia disso. Se for leve, é uma conscientização que você está recebendo. Se for pesado é uma mentira; é a percepção ou o ponto de vista de outra pessoa.

Então agora observe sua vida e perceba todos os lugares em que você está criando um peso e pergunte: isso é real ou tudo isso é uma mentira que eu tenho comprado? Repare que seu universo fica leve. Essa informação geralmente não é usada porque, nessa realidade, é mais valioso ter problemas, torná-los reais e descobrir por que alguém tem problemas, em vez de fazer uma pergunta para mudá-la imediatamente. Tudo o que você precisa fazer é perguntar e acender as luzes da consciência para saber o que se requer para mudar isso. É tão fácil que você pode dizer: "Isso não é possível, é muito fácil; se fosse possível, eu já teria dito isso antes." E se você começar a confiar no que sabe, em vez do que lhe foi dito que era real até agora?

Pergunte-se: "o que eu sei sobre isso?"

Quando algo é certo para você, você simplesmente sabe disso, sem dúvida. Não há necessidade de usar seu cérebro para descobrir alguma coisa ou tentar encontrar evidências. Você apenas sabe. Considerando o ponto de vista de que não pode ser tão fácil: isso o deixa mais leve ou mais pesado? Mais leve significa que você se sente mais relaxado, como respirar. É quando você sabe que isso é verdade para você, não do ponto de vista cognitivo, mas de um conhecimento que é maior do que aquilo que você pode pensar com sua mente.

Então, o que mais há em sua cabeça que faz você se sentir pesado? Quanto do que se passa diariamente na sua cabeça faz você se sentir pesado? Quantos pensamentos em sua cabeça estão no piloto automático, continuando sem que você possa detê-los, deixando-o louco? Você gostaria de mudar isso? Gostaria de descobrir quem você realmente é além de todo esse zumbido em sua mente?

Aqui está a informação que você deveria ter recebido há muito tempo: 99% de todos os seus pensamentos, sentimentos e emoções *não lhe pertencem*. Eles não são seus. Todos eles são informações que você está captando de outras pessoas e da Terra. Eu lhe disse que isso é estranho. Mudar e ser mais de quem você é exige que você abandone o que não funcionou até agora e abra as portas para algo diferente, que pode ser estranho, e um mundo totalmente diferente, mas que realmente lhe dá liberdade de ser você. Tentar parar os pensamentos em sua cabeça não funciona; não há um botão chamado "desliga". Tentar relaxar com todos esses pensamentos em sua cabeça também não funciona.

Quantas técnicas você já tentou que não funcionaram? Por que elas não funcionam? A maioria dessas técnicas concorda e se alinha com a ideia de que esses pensamentos são reais e que são seus. Tudo com o que você concorda e se alinha torna-se real e fica em você. Tudo com o que você concorda, se alinha, resiste e reage, você torna real e se torna o efeito disso. O mesmo acontece com todos os seus pensamentos e sentimentos.

Veja o oceano. Não importa se chove, neva, ou se o sol está brilhando, o oceano sempre é e está sendo oceano, não importa a tempestade que se forme. O mesmo acontece com as árvores. As árvores estão sendo a paz que elas são, não importa o clima que elas estejam enfrentando. Elas não estão confundindo o clima, a tempestade, a chuva, a neve, ou o sol com quem elas são.

As pessoas sempre confundem seus sentimentos (seus climas) com quem são. Elas dizem: "Estou triste, estou com raiva". É como a árvore dizendo: "Eu sou a neve, eu sou a chuva". E se você pudesse estar ciente do espaço que é, da paz que é, e toda vez que estiver ciente de um sentimento ou pensamento, perguntar: "A quem pertence isso?" Vou dizer mais uma vez: 99% de seus pensamentos e sentimentos são informações que você obtém de outras pessoas e da Terra. Sim. Você é uma máquina de conscientização de grande magnitude. Se você reconhecesse isso, sua vida se tornaria muito mais fácil. Isso eliminaria 99% do que está acontecendo em sua cabeça.

Mas não faça isso. Você seria tão pacífico quanto as árvores e o oceano. Você seria tão diferente que os outros perguntariam o que está errado, porque você não ficaria mais chateado como costumava acontecer. Ser pacífico é um "erro" nesta realidade. Ser alegre também é um "erro" nesta realidade.

Eu tive uma paciente bipolar e ela fez algumas sessões comigo; depois disso, ela foi a uma consulta com seu médico, que parecia confuso, e disse que ela não preenchia mais os critérios de bipolaridade, e que isso seria impossível; não dá para se livrar desse diagnóstico tão facilmente. Ela disse a ele como está feliz agora e como sua vida é alegre e ele perguntou: "Você está usando drogas?" Interessante como as coisas são aqui.

Então, o que você gostaria de escolher? Andar por aí e comprar os pensamentos e sentimentos de outras pessoas como sendo seus, ou perguntar: "A quem pertence isso?" Fazer essa pergunta toda vez que você "se sentir" pesado sem ter que analisar o que está acontecendo quando não é seu, torna seu mundo mais leve e permite que você perceba o espaço que você é. Isso requer prática. Faça isso para todos os pensamentos e sentimentos que você tiver durante três dias. Ao final desses três dias, você será uma meditação ambulante e falante. Você começará a fazer isso, e depois vai se esquecer, e então se lembrará disso novamente. Não se preocupe. Faça isso sempre que se lembrar. Você ficará surpreso com a quantidade de coisas que pensou que eram problemas seus e que nenhum deles tinha a ver com você.

Um paciente com TDAH veio até mim porque estava tendo problemas com ansiedade e fobia social e me disse como é difícil estar perto de outras pessoas porque ele fica ansioso. Então perguntei a ele quanto de todos os pensamentos, sentimentos e emoções dessas outras pessoas ele estava percebendo e pensando que eram dele. Ele olhou para mim com olhos brilhantes e disse: "Isso faz total sentido, parece muito verdadeiro, mesmo que não seja lógico. É como se eu estivesse fazendo isso a vida toda. Tenho me sentido mal o tempo todo. Não consegui mudar isso, embora tenha tentado. Essa é uma informação incrível. Eu me sinto como se estivesse sendo eu mesmo ao falarmos sobre isso."

"Sim, porque você é esse espaço, esse é o seu estado natural, todo o resto são invenções de que você fica ciente. São mentiras e coisas que não são suas, que você não pode mudar" – respondi.

"É como se toda a minha vida estivesse mudando agora, enquanto falamos sobre isso. Eu pensei que estivesse doente e mentalmente enfermo, e uau, acontece que não estou."

Você também está muito ciente do que está acontecendo com a Terra. Você deve ter notado todas as mudanças que estão acontecendo no mundo no que diz respeito à Terra. Mudanças no clima e no tempo. Pergunte a si mesmo: "Quanto meu corpo e eu estamos cientes do que está acontecendo com a Terra?" Quanto isso deixa seu universo leve? Você, seu corpo e a Terra estão conectados. Quando o tempo muda, quantas vezes seu corpo está ciente de que o tempo está prestes a mudar? Seja o clima psicológico ou clima externo, você e seu corpo estão conscientes do que está acontecendo.

Você e seu corpo também estão conscientes do que a Terra exige de vocês. Quando sentir dor no corpo, pergunte se a Terra requer algo de vocês.

Eu estava trabalhando com uma mulher que disse que tinha uma questão com a raiva da qual gostaria de se livrar. Uma das coisas que surgiram durante nossas sessões foi a conscientização de que ela havia armazenado enormes quantidades de energia em seu corpo, as quais identificou erroneamente e confundiu como a raiva que precisava suprimir. Quando fizemos a pergunta: "O que a Terra requer de você?" Tudo ficou mais leve imediatamente. Pedi que ela levantasse as mãos e reunisse toda a energia que a Terra requeria dela e de seu corpo, e sacudisse as mãos, enviando essa energia para a Terra. Ela fez isso cerca de 20 vezes e ficou totalmente em paz depois. Ela percebeu que é espaço e paz. A raiva dela era apenas a Terra pedindo uma contribuição que ela se recusava a ouvir.

Quando você está em uma sala em que havia pessoas brigando e você entra na sala, sem ter sido informado de que as pessoas estavam brigando, você sabe que algo está acontecendo, você sabe que algo aconteceu lá. Por quê? Porque você está ciente da energia ao seu redor o tempo todo!

O objetivo de perguntar: "A quem pertence isso?" – é que você não precisa mais comprar o que não é seu. Você não precisa mais carregar o peso do que nunca foi seu e pode ser livre, e começar a criar sua vida da maneira que realmente gostaria.

Essa é uma ferramenta que eu ensino a meus clientes o tempo todo e aqueles que optam por usá-la relatam como ficam surpresos com a quantidade de problemas que tinham e que não eram deles, e com a quantidade de problemas dos outros que eles tentavam resolver, guardando-os na cabeça e no corpo deles.

Quanto você está tentando curar os outros através de seus pensamentos, sentimentos, dor e sofrimento? Isso está funcionando para você? Ou isso sempre acaba fazendo você se sentir mal e a outra pessoa continua criando novas dores e sofrimentos?

Que dor e sofrimento você está usando para validar a realidade de outras pessoas e invalidar sua realidade que você está escolhendo?

Tudo o que isso é, você vai destruir e descriar?

Certo e errado, bom e mau, POD e POC, todas as nove, curtos, garotos e aléns.

Toda vez que você escolhe a dor e o sofrimento, você valida essa realidade e invalida a sua realidade! Agora é hora de começar a se escolher?

CAPÍTULO NOVE

DISTRAÇÕES—RAIVA E CULPA

Raiva e culpa são implantes distratores. Eles o mantêm preso e dizem que você não tem escolha. São coisas sobre as quais as pessoas nunca fazem perguntas. Elas assumem que vida é e deveria ser assim. A maioria das pessoas concorda e se alinha com o fato de que a raiva e a culpa são reais, e elas passam muito tempo tentando administrar isso. Elas nunca se perguntam: a raiva e a culpa são reais?

Tentar lidar com os implantes ou trabalhar duro para administrá-los não funciona, pois eles não são reais. Você não pode mudar o que não é real e o que é uma mentira. Implantes são tudo com o que você concorda, resiste e reage, e que contribui com a sua energia para torná-los reais. Por exemplo, se você e eu dermos uma volta e eu disser: "Veja aquele homem, veja o rosto dele, ele está com muita raiva" (sendo que tudo o que ele está fazendo é se preparando para espirrar). Ao concordar com meu ponto de vista e dizer: "Sim, você está certa, ele está muito bravo", você acabou de ser implantado com um ponto de vista. Acabamos de inventar algo que não é real.

Implantes distratores parecem ser o problema, mas não são. Muitas pessoas têm o ponto de vista de que a raiva é o problema e, portanto, tentam convencer a si mesmas e aos outros. Como isso funciona bem?

Por que implantes distratores?

Esses implantes são uma distração do que realmente está acontecendo. Eles nos distraem de obter a conscientização, de ser, saber, perceber e receber o que é possível. Tentar administrar ou resolver um problema ou questão em que você decidiu que tem, por exemplo, culpa, não é feito a partir da abordagem e administração da culpa. Quantas vezes isso funcionou para você? E quanto a culpa permanece ou volta repetidamente? É como procurar uma chave na Suécia que você perdeu na Alemanha. Você nunca a encontrará na Suécia, mesmo que passe anos e anos procurando por ela.

Implantes distratores são as mentiras dessa realidade. Você nunca pode mudar uma mentira. Sempre será uma mentira. É aí que as pessoas lhe dizem: "Este e aquele são os meus problemas", e elas os carregam por toda a vida enquanto decidem que esses são os problemas delas. Elas concordam e se alinham a esse fato, resistem e reagem a ele ao mesmo tempo, e se afundam cada vez mais no problema. Nada além disso, nada diferente e nada mais grandioso pode chegar à sua conscientização.

Eu tive uma paciente que me procurou porque estava convencida de que o problema dela era a raiva e que ela teria que trabalhar duro para se livrar dela. Muitas pessoas lhe disseram que ela era uma pessoa brava e que realmente tinha um grande problema que precisava de aconselhamento psicológico. E lá estava ela, olhando para mim com ressentimento e me convencendo com toda a sua força o quanto ela era uma pessoa brava. Ela usou seu corpo e sua voz de uma maneira que deveria ter causado medo em mim.

Com a conscientização de que a raiva dela não é o problema, eu a encontrei em nossa primeira sessão com todas as minhas barreiras abaixadas, não concordando ou me alinhando com o fato de que a raiva dela é o problema dela, nem resistindo e reagindo à sua maneira irritada de me abordar. Ela ficou surpresa. Ela nunca havia conhecido alguém que a encarasse sem nenhum ponto de vista e que desse a ela total permissão, mesmo que ela tivesse decidido que era uma pessoa terrível. O espanto dela por ter sido recebida da maneira que foi fez com que ela se questionasse a respeito do que estava acontecendo e abriu uma porta por onde eu poderia lhe mostrar uma oportunidade diferente.

Começamos nossa jornada, primeiro colocando-a na permissão da própria raiva, liberando os julgamentos e a resistência contra a raiva dela. Isso mudou o ponto de vista dela e permitiu que ela parasse de se julgar como errada. O espaço se abriu, e foi quando ela teve acesso a si mesma de uma maneira completamente diferente. Por trás de toda a raiva que ela tornara real a vida inteira, havia uma enorme potência: uma mulher forte e criativa que se enganara a vida inteira por ser diferente e independente. Assim que ela percebeu a mentira chamada de raiva, ela pôde receber o que é verdadeiramente capaz e saber o presente que é. O que apareceu depois disso foi realmente surpreendente. Essa mulher acabou se tornando completamente diferente do que ela poderia imaginar. Ela mudou toda a sua vida, sua carreira, sua maneira de viver e ser.

Em todos os lugares em que resistimos, reagimos, concordamos e alinhamos temos algum ponto de vista ou julgamento do que é certo ou errado, limitamos nossa conscientização a respeito do que realmente está acontecendo e limitamos nossas capacidades de mudar o que gostaríamos de mudar. Perceber tudo como apenas um ponto de vista interessante lhe dá liberdade. Na verdade, tudo pode estar certo ou errado, dependendo de quem está julgando: cultura, idade, experiência com o fato etc. Olhar para tudo como apenas um ponto de vista interessante permite que esse relaxamento mostre onde coisas consideradas valiosas e reais podem perder seu significado.

Este é o espaço de permissão onde tudo é apenas um ponto de vista interessante, tudo é incluído e nada é julgado. A partir desse espaço, minha cliente acessou a possibilidade de se receber e iniciou a jornada de conscientização a respeito de quem ela realmente é e do que é capaz. O processo de mudar a realidade dela e criar uma vida diferente começou. A cada sessão, ela aumentava sua disposição de liberar as mentiras e limitações, abrir-se à possibilidade e agradecer por quem ela é. A gratidão é um estado de ser relaxado. Trata-se de ser capaz de entender o que é e o que se passou, além da conscientização alegre a respeito do que é possível.

Portanto, em vez de ter como objetivo lidar com a raiva, o ódio, a ira, a culpa e a vergonha em sua vida ou na terapia, uma abordagem mais eficaz é se permitir isso e descobrir de que esses implantes estão nos distraindo. Como fazer isso? O melhor convite para que os outros se tornem mais de si mesmos é que nós sejamos mais de nós mesmos. Seja você e mude o mundo.

Os implantes distratores são projetados para controlar, impor um ponto de vista e limitar a possibilidade de escolha. Raiva e culpa são maneiras perfeitas de controlar os outros e de ser controlado pelos outros. Quando uma pessoa culpa alguém por algo sem fazer uma pergunta, geralmente as duas pessoas estão funcionando no piloto automático: ambas se sentem mal e não há saída para isso.

Quando algo assim surgir em sua vida, saiba que o que você tem à sua frente é uma mentira, uma distração do que é verdadeiramente possível, uma distração da potência e do poder de ser que você realmente é. Desapegar-se de todos os implantes distratores permite que você tenha facilidade e escolha infinita. Sem raiva, culpa e vergonha, como os outros podem controlá-lo?

Se todos nós fôssemos quem realmente somos, essa realidade não teria que ser diferente do que é agora?

Pergunte-se:

Que poder e potência não estou disposto a ser e receber, que estou escondendo com a raiva?

O que não estou disposto a ser que estou escondendo com a culpa e a vergonha?

Fazer essas perguntas o deixa mais leve? Em algum lugar do seu universo isso abre um saber de que há uma possibilidade mais grandiosa?

Trabalhei com uma jovem muito bonita que ficava corada toda vez que alguém começava a conversar com ela. Ela me disse que os homens a cobiçavam e ela ficava tão envergonhada que seu rosto ficava vermelho quando eles falavam. Ela tentava evitar o contato visual, mas toda vez que os outros olhavam para ela, ela se envergonhava. Isso a levou à tristeza e a um sentimento de que ela havia falhado. Ela ficou muito preocupada com isso.

Então eu perguntei a ela: "O que você não está disposta a ser e receber?" Ela olhou para mim com surpresa e disse: "Luxúria. E o fato de que os homens que olham para mim querem dormir comigo."

"Então você não está disposta a receber a energia que eles entregam a você?" – perguntei.

"Não." – ela disse.

"Então você está levantando uma barreira para se proteger de receber essa energia?"

"Sim." – ela disse.

"E qual é o problema com isso? O que você não está disposta a ser?"

"Bem, não quero ser uma vagabunda." – ela respondeu.

"Não estar disposta a ser uma vagabunda faz com que você coloque barreiras para não receber essa energia. Tudo o que você não está disposta a ser e de que começa a se defender a impede de ser e de receber dessa energia e das pessoas com essa energia. Você já decidiu que ser uma vagabunda é um erro?"

Ela disse: "Ah, sim."

"Então, deixe-me fazer uma pergunta: 'Verdade, permitir-se ser uma vagabunda seria divertido para você?'" Ela começou a rir incontrolavelmente e seu corpo relaxou. Esse foi um claro "Sim". "Não estar disposta a ser o que você decidiu que é errado é o que a limita do que pode ser e receber. Não se trata de sair por aí e dormir com todo mundo, mas de se permitir receber, de ser a *sexualness* que você verdadeiramente é, de se divertir e curtir vendo os outros desejando você. E quanto mais dinheiro você poderia ganhar permitindo-se receber o desejo de tudo e de todos por você?"

Pedi que ela obtivesse a energia de ser uma vagabunda e de receber o desejo que os homens têm por ela, que baixasse todas as barreiras e recebesse tudo isso, com toda a intensidade e em todas as células do corpo dela. Ela ficou surpresa e feliz com o que apareceu: a conscientização de quanta energia ela usava para garantir que não receberia o que havia decidido que estava errado. E a intensidade do que era possível para ela receber e a felicidade e alegria que se abriram em seu mundo eram incríveis. Ela floresceu e passou a gostar de ver as pessoas olhando para ela, havia uma conexão completamente diferente com seu corpo e não havia mais o ponto de vista a respeito de ficar corada ou não.

Esses implantes distratores são o que o distraem do que realmente está acontecendo. Depois de encontrá-los, você pode identificá-los como implantes distratores e se perguntar se gostaria de continuar comprando a mentira com a qual está tendo algum problema ou fazer uma pergunta para alterar o que está acontecendo. Os implantes distratores são as respostas que levam a um beco sem saída. Uma resposta desempodera, uma pergunta empodera e abre portas para uma possibilidade diferente.

Da próxima vez que algo parecer pesado, pergunte se um implante distrator está no controle de sua vida naquele momento. Apenas diga em sua cabeça: "Todos os implantes distratores controlando minha vida no momento e tudo o mais por trás disso, eu destruo e descrio". Em seguida, use o enunciado aclarador. *Certo e errado, bom e mau, POD e POC, todas as nove, curtos, garotos e aléns.*

Você concordou, e se alinhou, e resistiu, e reagiu a eles antes de mais nada. Se você pode fazer isso, você também tem a potência de desfazer isso. Pergunte-se:

O que realmente é possível além dos implantes distratores?

De que você está se distraindo de ser e receber com os implantes distratores?

Quanto de sua potência, do ser infinito que você é, da alegria e da facilidade você está escondendo embaixo desses implantes para se convencer de que você é tão normal e real quanto decidiu que você supostamente é?

O que é possível para você ser e receber que você não reconheceu?

CAPÍTULO DEZ

DEFESA—VOCÊ NO SEU CASTELO

Defender os pontos de vista, o certo e o errado do que as pessoas pensam e sentem é uma grande parte dessa realidade. Na maioria das conversas, você se pega e observa os outros defendendo a própria posição e ponto de vista. Você luta pelo seu direito do que quer que tenha decidido que é verdadeiro e real. Não há liberdade na defesa. Isso o mantém em constante estado de julgamento e luta. Isso o mantém ocupado e paranoico, esperando o ataque.

Que posições você está defendendo?

A posição de ser uma mulher, um homem, uma mãe, uma filha, uma pessoa boa, uma pessoa má, uma pessoa pobre, uma pessoa rica.

O que você decidiu que é, que o mantém se defendendo como se isso eventualmente pudesse lhe dar a si mesmo?

Tudo o que isso é, você vai destruir e descriar? Gratidão.

Certo e errado, bom e mau, POD e POC, todas as nove, curtos, garotos e aléns.

Ao longo dos anos, conheci tantas pessoas que me contaram sobre seus problemas, dizendo que gostariam de superá-los, mas continuam defendendo-os continuamente, apresentando todo tipo de razões e justificativas para o porquê de terem problemas e os motivos pelos quais é difícil ou não é possível superá-los. Sempre que algo assim surge, você está defendendo seus problemas.

O que mais você está defendendo?

Que a vida é dura? Que criar dinheiro com facilidade não é possível? Que o seu corpo dói à medida que você fica mais velho? Todas essas são posições defensivas.

Em Psicologia aprendemos que a defesa é saudável e necessária. Há teorias sobre todos os tipos de sistemas de defesa e de como eles podem ser prejudiciais, mas eles também são sinais de adaptação. A pergunta é: você gostaria de se adaptar a essa realidade ou você gostaria de ser você mesmo, mesmo que isso não esteja de acordo com o que é considerado normal nesta realidade? Adaptar-se ou ter a liberdade de ser você?

Liberdade de ser você não significa que você será colocado em uma camisa de força. Senão eu já estaria assim. Ao contrário, trabalho nisso e mudo a realidade por estar além da minha adaptação a essa realidade. Como? Quando você está sendo você em vez de se defender de quem você é, está convidando a mudança em vez de lutar. Quando trabalho com clientes, todos são convidados a ir além dessa realidade sem serem forçados a mudar. Isso está sendo o catalisador para um futuro diferente.

Tudo o que você está defendendo se torna o limite que você não pode superar. Se você decidiu que tem que trabalhar todos os dias e não tem dinheiro suficiente, você defenderá esse ponto de vista todos os dias, convencendo-se de que seu ponto de vista está certo. "Veja, mais contas novamente; veja, nenhum prêmio da loteria novamente;

veja que eu também não recebi aquele bônus neste ano…" ou o que quer que isso represente para você.

Olhe detalhadamente para sua vida. Onde você está defendendo suas limitações que o deixa em um universo sem escolha?

Tudo o que isso é, você vai destruir e descriar? Gratidão. Certo e errado, bom e mau, POD e POC, todas as nove, curtos, garotos e aléns.

Tudo o que você defende elimina a escolha e a possibilidade. Tudo o que você está defendendo, não consegue mudar. Se você está defendendo seus problemas com seu corpo, dinheiro ou depressão ou o que quer que você defina como problema, você já o criou tão sólido como uma invenção que está defendendo esse mesmo problema e, com isso, mantendo-o no lugar, sem nunca ser capaz de mudar isso. Sair da defesa permite uma oportunidade diferente. Portanto, continue executando esse processo.

Você não tem que passar a sua vida a limpo e analisar cada um dos lugares em que se defende, você pode simplesmente fazer esta pergunta:

Que posição defensiva estou escolhendo que eu poderia recusar verdadeiramente e, se eu recusasse isso, me daria a liberdade de ser eu mesmo?

Isso mostrará todos os lugares e áreas em que você está na defensiva, tudo de que você está ciente e tudo de que você não está ciente, tudo que você pode identificar, bem como todas as restrições que você não pode identificar. Simplesmente faça essa pergunta e permita que a energia venha à tona, que automaticamente será toda a defesa que você tem escolhido em toda a sua vida. Então você apenas diz:

Agora eu destruo e descrio tudo isso.

Certo e errado, bom e mau, POD e POC, todas as nove, curtos, garotos e aléns.

Faça isso várias vezes, durante algumas semanas, para poder limpar o maior número possível de camadas. Durante esse período, mais do que nunca, conscientize-se de todos os lugares que está escolhendo para defender qualquer posição. Em todos os tipos de situações, você notará quando e onde escolhe se defender. Quando você estiver ciente disso, poderá mudar isso. Portanto, não se julgue, só porque você percebe todos os lugares em que está escolhendo a defesa.

Quanto você defende que tem um problema e, portanto, é considerado normal, por que não ter nenhum problema e ser considerado normal não é possível? Você está ciente de que as pessoas neste mundo simplesmente assumem que é normal ter um problema e, se você não tem um, cria um para fazer parte do time "dos normais". Eu vejo isso o tempo todo com meus clientes. Eles ficam cada vez melhores, gostam de viver, tudo começa a aparecer do jeito que sempre pediram e, quando estão prestes a explodir em algo ainda maior, criam algum tipo de problema para defender a posição que se deve ter um problema para que eles ainda estejam conectados a essa realidade normal. Você tem que estar conectado a essa realidade? Ou você pode estar ciente disso, incluí-la e criar sua realidade?

Você está tentando ser normal ao ser mal-humorado e ter problemas? Ser normal é quando você não está sendo feliz e alegre o tempo todo. Se você fosse feliz e alegre o tempo todo, as pessoas perguntariam se você é louco. Ser normal é se adequar ao desvio padrão, dois desvios padrão no lado positivo e dois desvios padrão no lado negativo. Esse é um modelo estatístico de normalidade chamado curva de sino.

O ponto zero é onde está a maioria das pessoas. Dois pontos – dois desvios padrão no lado direito – indicam quando você está acima da média. Dois desvios padrão no lado esquerdo indicam quando você está abaixo da média. Se você se encaixa em algum lugar nessa escala – feliz acima da média ou feliz abaixo da média – você ainda é normal. Muitas pessoas gostam de jogar esse jogo. Se elas tiveram um período de suas vidas em que estavam felizes acima da média, perceberam que estavam saindo do padrão, o que não é mais normal para elas. Então elas criam um problema, o que significa pular para a escala abaixo da média. É aqui que elas criam um problema, mesmo com o sucesso que acabaram de ter. Mesmo com dinheiro e negócios ou qualquer outra coisa. Não se pode ter muito sucesso, a queda é certa, isso é o que aprendemos.

E se você pudesse ficar fora do padrão? E se você pudesse ser o desvio total em todas as áreas da sua vida?

Você está se defendendo de ter uma vida muito fácil? Se você está sorrindo agora, obviamente isso é verdadeiro para você. Seu corpo está lhe informando. Os corpos são muito conscientes. Você provavelmente não estaria lendo este livro se não estivesse interessado e pedindo mais facilidade.

As pessoas criam problemas defendendo o passado e criam seu futuro desta maneira. Toda vez que você diz algo como: "A última vez que estive nessa situação, não deu certo". Ou: "No meu relacionamento anterior, fui enganado, por isso tenho dificuldade de confiar nas pessoas", você defende o passado para criar seu futuro. Nada diferente ou mais grandioso pode ser criado do que o passado que você tenta superar.

Quanto você está tentando provar como você é bom e que não faria mal a ninguém? Quanto do seu tempo e energia você está usando para sorrir e censurar o que está dizendo e fazendo para provar que é um bom ser humano? Isso é defender-se de ser cruel e maldoso. Você é realmente cruel e maldoso ou, em algum momento você decidiu que, se as pessoas descobrissem o quanto você é realmente estranho, elas fugiriam gritando e você ficaria sozinho? Não é a hora de se desapegar desse ponto de vista insano? Você vai destruir e descriar tudo isso? Gratidão.

Certo e errado, bom e mau, POD e POC, todas as nove, curtos, garotos e aléns.

Conheci muitas pessoas que defendem a própria insanidade porque a escolheram. Você pode perguntar a elas sobre sua infância e encontrará todo tipo de coisa que parece a provável causa dos motivos de serem como são. Isso é realmente relevante? Todos os motivos e as chamadas causas são as razões e justificativas que defendem o ponto de vista de que as pessoas não têm o potencial de escolher algo diferente. As pessoas que escolhem insanidades e problemas o fazem porque isso funciona para elas de alguma maneira. Isso cria um lugar onde elas sabem quem são; isso tem um valor que funciona para elas. Não há nada de errado nisso. É apenas uma escolha.

Tive uma paciente que me contou, após algumas sessões, quanto ela está mais feliz agora e que está consciente de todos os tipos de possibilidades para o futuro dela e que está inspirada a trabalhar e fazer o que sempre quis fazer. A vida dela começou a se expandir muito rapidamente. Quando ela estava prestes a instituir sua nova realidade, decidiu ficar deprimida e começou a ficar com raiva de mim. Conversamos sobre isso e ela pôde ver que inventou a depressão e a raiva para provar para mim e para si mesma que não podia fazer isso. Ficou claro para ela que estava defendendo sua depressão e doença mental. Consciente disso, ela não podia mais negar que tem uma escolha.

Na psiquiatria, encontro muitos pacientes que escolhem ser loucos. Eles geralmente vêm apenas para uma sessão e nunca voltam. Por quê? Porque eles sabem que eu estou abrindo a porta para onde eles sabem que têm uma escolha, e onde eles não poderão mais negar que sua loucura e problemas são criações deles e eles preferem continuar sendo loucos. Novamente, isso é apenas uma escolha.

E se você pudesse parar de defender seus pontos de vista e seus julgamentos? Quanto mais liberdade você teria? Você prefere estar certo ou ser livre?

Você prefere estar certo e ter credibilidade nessa realidade ou ter a liberdade de ser você, mesmo que você não se encaixe mais? Com que facilidade você seria capaz de criar o que verdadeiramente deseja? O que você está escolhendo?

CAPÍTULO ONZE

SUAS "DEFICIÊNCIAS" NA VERDADE SÃO SUPERPODERES

A o longo dos anos encontrando muitas pessoas com TOC (transtorno obsessivo-compulsivo), TDAH (transtorno do déficit de atenção e hiperatividade), autismo, psicose e bipolaridade, logo percebi que o velho paradigma de considerar esses diagnósticos como deficiências não funcionava. De fato, eu ficava muito constrangida de procurar o erro nas pessoas que conhecia. Não fazia sentido para mim. Eu conhecia essas pessoas cujo brilho era notável e a perspectiva que recebi durante minha formação acadêmica era procurar o que não estava funcionando. Eu me perguntava como essas pessoas poderiam ser consideradas deficientes. A criatividade delas era fora dos parâmetros para comparação nos testes de inteligência.

Como psicóloga, faço muitos exames neuropsicológicos para obter mais informações e descobrir o diagnóstico das pessoas. São testes padronizados que descrevem o que é normal, que é como a maioria da população funciona, e o que está fora da faixa de normalidade. Os testes consistem de várias perguntas que as pessoas devem responder e, se responderem de acordo com o que é considerado correto, elas obtêm uma pontuação; caso contrário, não pontuam.

Trabalhar com pessoas com TOC, autismo e TDAH tem sido expansivo, pelas respostas maravilhosas e criativas que recebo nas perguntas do teste. No entanto, existem poucas pontuações para respostas brilhantes e engraçadas. Por quê? Porque elas não se encaixam na norma do que é considerado como uma resposta correta. Mas essas pessoas recebem o meu aval pela criatividade e humor que possuem.

Essas pessoas são tão diferentes que, nessa realidade, a diferença delas só pode ser explicada como uma deficiência. Elas não se encaixam nos padrões de retidão, o que significa que são desvios da normalidade. A diferença delas não faz sentido para as pessoas "normais". Não é lógico o suficiente. Portanto, a conclusão é: deve haver algo errado.

Pessoas com esses diagnósticos aprendem desde cedo que há algo errado com elas e que devem aprender a se encaixar da melhor maneira possível. Hoje, é muito comum que elas tomem remédios para eliminar o que é chamado de sintoma e para se ajustarem a essa realidade. Todas as pessoas que conheci e que foram medicadas por seus sintomas estavam mais infelizes do que antes. Elas não tinham mais a percepção de si mesmas. Elas diziam que era como estar em uma bolha da qual não podiam sair.

Serem reconhecidos por sua grandeza e perceber que o que é chamado de sintoma de fato é uma possibilidade, fez a maioria dos meus pacientes interromperem a medicação e aprenderem a usar a diferença deles a favor de si mesmos.

Por exemplo, um jovem foi diagnosticado com TDAH e TOC por ter todos os tipos de rituais que ele precisava realizar em uma determinada ordem todos os dias, durante todo o dia para manter a calma. Ele levava anos para chegar a algum lugar, porque ele tinha que completar seus rituais primeiro. Ele ficou muito preocupado com isso e sua família se sentiu sem esperança. Eles não sabiam o que fazer.

Eu o atendi e ele me contou todas as maneiras que o levavam a pensar que estava errado. Ele disse que não seria capaz de fazer nada da vida. Ele mal saía de casa com todos os seus rituais, como lavar as mãos dez vezes, andar pela casa em ordem específica, e vestir as roupas em certa ordem. Se ele fazia algo ligeiramente diferente ou se fosse interrompido, ele tinha que fazer tudo de novo até ficar perfeito.

Além disso, ele era hiperativo. Ele tomava remédios e logo percebeu que não precisava deles. Ele me disse que se sentia muito empoderado e percebia o quanto era incrível, além de ter muito mais potência do que aquelas pílulas. Ele se tornou uma das pessoas mais engraçadas e criativas que conheci. Ele começou uma nova formação na faculdade e agora trabalha com crianças. Trabalhar em um ambiente intenso e muito movimentado corresponde à energia dele, e ele é feliz.

Como ele passou de uma pessoa perturbada a alguém que cria sua vida?

Reconhecendo quem ele realmente é. Não comprando a mentira de que há algo errado com ele. Convidando-se a saber o que ele sabe. Obtendo as informações de que ele precisava e aprendendo as ferramentas para usar seus superpoderes a favor de si mesmo.

Reconhecer quem você realmente é e do que você é capaz funciona como mágica. Superar o seu erro e perceber que você é muito mais do que a pessoa confusa que você achou que era é o que lhe permite abrir a porta para uma possibilidade totalmente diferente. É assim que trabalho com meus clientes: eu percebo e sei quem eles são e do que são capazes, além do erro que eles tornam real.

Imagine estar na presença de alguém que não o julga e que não tem nenhum ponto de vista a seu respeito ou acerca do que você deve mudar de alguma forma. Alguém que conhece a pessoa que você é e que você ainda não escolheu ser. Percebe como isso relaxa você e seu corpo? É como estar na natureza, onde as árvores e o oceano estão lá para contribuir para você e seu corpo, sem nenhum ponto de vista de que você deve ser diferente.

E se Você pudesse ser assim para Você?

Que energia, espaço e consciência você e seu corpo podem ser para permitir que você seja o espaço de carinho e cuidado que você e seu corpo verdadeiramente são?

Tudo o que não permite que isso apareça – você vai destruir e descriar isso, vezes um deusilhão?

Certo e errado, bom e mau, POD e POC, todas as nove, curtos, garotos e aléns.

Repita este processo algumas vezes para se lembrar do espaço que é possível para você ser e receber.

O que é TDHA?

O TDAH (transtorno do déficit de atenção e hiperatividade) é um conjunto de implantes que criam os chamados sintomas do TDAH: hiperatividade e déficit de atenção. Implantes são tudo com o que você concorda, se alinha, resiste e reage, criando todos os pontos de vista e limitações implantados. Esses implantes são facilmente removidos se, e somente se, a pessoa optar por removê-los. Você pode usar o enunciado aclarador para isso.

Se a pessoa preferir se apegar a essas limitações porque elas oferecem um ganho secundário, já que outras pessoas cuidam delas, ou porque as expectativas das pessoas são menores, os implantes não podem ser removidos. É uma escolha que a pessoa tem que fazer.

A possibilidade disponível além dos implantes é receber totalmente as capacidades que o TDAH oferece. As pessoas com esse diagnóstico têm um enorme potencial para estarem cientes e poderem ter muitos projetos em andamento ao mesmo tempo, além de gerenciá-los com facilidade. Tive muitos pacientes com TDAH que tinham um ou mais negócios e os criaram de forma brilhante e com enorme criatividade.

Para realizar a manutenção de seus negócios, como a contabilidade, por exemplo, eles precisavam de funcionários. Estar ciente da energia generativa e criativa que o TDAH permite o convida a ser e usar isso a seu favor. Esteja ciente do que é divertido para você e quem você pode acrescentar à sua vida para cuidar das coisas que não são divertidas para você ou com as quais você não tem facilidade.

Muitas pessoas com TDAH são aquelas que são uma "preocupação" para a família e para os amigos. Elas tomam consciência dessa preocupação e pensam que é delas. A mãe de um de meus pacientes se preocupava excessivamente com ele. Ele sofria de hipocondria, mas quando percebeu que sua preocupação constante de ficar doente era na verdade a preocupação da mãe dele, a hipocondria desapareceu.

Uma sugestão que é dada para as pessoas com TDAH é que façam uma coisa de cada vez e concluam um projeto antes de iniciar um novo. Isso realmente não funciona. Eu sei disso porque tive muitos clientes com TDAH. O que funciona é ter o máximo de coisas possível acontecendo. Isso corresponde à energia criativa e generativa que essas pessoas têm. Quanto mais coisas elas têm a fazer, mais relaxadas ficam. Quando você se desapega do ponto de vista de que isso pode ser demais para você, consegue receber o que é possível para você. Seu ponto de vista cria sua realidade.

Assistir à TV ou ouvir música e ao mesmo tempo ficar conectado no Facebook, e checar os e-mails enquanto faz a lição de casa ou escreve um relatório, e fazer uma pausa para comer ou conversar com um amigo pode funcionar melhor para pessoas com TDAH. E, no entanto, isso é considerado errado nessa realidade. Você deve fazer uma coisa de cada vez e não fazer muitas coisas ao mesmo tempo, caso contrário você ficará estressado. Isso é realmente verdadeiro? Isso faz você se sentir mais leve? Pergunte: O que funciona para você? O que você sabe? E se o que você sabe e do que é capaz estiverem além desta realidade?

O que é TOC?

O TOC, ou transtorno obsessivo-compulsivo, é uma conscientização incrível e impede a facilidade do espaço de captar os pensamentos, sentimentos e emoções de outras pessoas. Não comprar pensamentos, sentimentos, emoções como sendo seus e não ter um ponto de vista sobre eles, ou tentar fazer algo a respeito deles, permitiria a você se sentir à vontade com isso. Impedir sua conscientização cria uma contração. O ponto de vista que muitas pessoas têm é que precisam se proteger de todas as informações que recebem. As pessoas se esforçam muito para saber menos.

O TOC é sobre ter rituais e rotinas que precisam ser cumpridos e que, se forem feitos de maneira errada, devem ser refeitos até que a rotina e o ritual sejam executados perfeitamente. É ocupar-se com certos comportamentos para evitar a conscientização. Você não precisa ter um diagnóstico de TOC para saber do que estou falando. Quantas listas de tarefas você cria todos os dias para evitar ser e receber o que é verdadeiramente possível para você?

E se o TOC não for realmente uma deficiência, mas uma capacidade de intensa conscientização acerca desta realidade? Isso significaria a habilidade de estar ciente do que se passa nos universos, pensamentos, sentimentos e emoções de outras pessoas. Não estar ciente dos estímulos que essas pessoas recebem cria um sentimento de opressão. Para funcionar nessa realidade, essas pessoas criam uma estratégia para conviver e lidar com tudo o que sabem.

Nesta realidade, não somos ensinados a apenas receber informações e a estar na permissão. Temos que entender todas as informações que nos rodeiam. Temos que formar uma opinião, um ponto de vista, entender tudo isso, julgar o que é certo e errado e tirar conclusões. Pessoas com TOC estão muito conscientes disso. O modo como elas funcionam nessa realidade, o modo como convivem com todas as informações que estão recebendo significa fazer o que todo mundo está fazendo nessa realidade. Elas apresentam uma maneira de julgar o que é necessário fazer para que tudo funcione bem. Os rituais, a rigidez observada nas pessoas que têm o diagnóstico de TOC seriam uma tentativa de garantir que todo o caos seja resolvido e que tudo esteja seguro. O ponto de vista delas é garantir que o ritual seja cumprido corretamente, garantir que tudo esteja bem e que ninguém se machuque.

Pessoas com TOC também são extremamente conscientes. Elas captam os pensamentos, sentimentos e emoções de outras pessoas do ambiente, mesmo que essas pessoas estejam fisicamente longe delas. Elas compram esses pensamentos, sentimentos e emoções de outras pessoas como se fossem delas, pensando que tudo de que estão cientes se aplica a elas. Imagine de quanta informação isso se trata e o que tornar tudo relevante cria para você. Você procuraria uma maneira de entender tudo e encontrar uma maneira de lidar com todas essas informações.

Uma ferramenta que você pode usar quando se "sente" sobrecarregado é se perguntar:

Isso é realmente relevante para mim?

Só porque você obtém informações de todos os lados, não significa que tudo é relevante para você. É como assistir TV e tentar entender cada palavra que cada pessoa diz em cada canal. É apenas informação, e a maior parte não tem nada a ver com você. Outra ferramenta que é muito útil é a seguinte pergunta:

A quem pertence isso?

Para tudo o que for pesado, se ao fazer essa pergunta as coisas ficam mais leves, isso é uma indicação de que isso não é seu. Quando não ficar mais leve, pergunte: "Criei isso como meu?" Se você receber um *sim*, diga:

Tudo o que isso é, em todos os lugares em que eu criei isso como se fosse meu, eu destruo e descrio isso vezes um deusilhão.

Certo e errado, bom e mau, POD e POC, todas as nove, curtos, garotos e aléns.

Um das minhas pacientes que estava deprimida por muitos anos havia tentado todos os tipos de medicamentos e todos os tipos de terapia, e nada conseguia mudar seu quadro depressivo. Ela parou de falar e era óbvio que estava morrendo. Eu estava trabalhando com ela e um dia ela entrou e olhou para mim com um sorriso. Aquela mulher não sorria há anos. Ela olhou para mim e disse: "Estou feliz hoje, vim de casa e percebi que as coisas que estavam na minha cabeça e as que me deixavam com uma sensação pesada não têm nada a ver comigo. Não sou eu; nunca foram minhas." A partir daquele dia, a mulher começou a criar sua vida como nunca havia feito antes. Ela tinha todos os tipos de planos a respeito do que gostaria de explorar e fazer. Tudo a partir de uma simples pergunta.

Fazer esta pergunta permite que você, cada vez mais, esteja ciente do espaço em que você está e é, não importa onde você esteja ou com quem esteja. Você não precisa mais fazer um plano de fuga de se isolar em uma ilha ou meditar em uma caverna por 20 anos para ter paz. Você pode fazer isso agora, no meio da cidade mais louca e barulhenta. E você, sendo esse espaço, muda as pessoas ao seu redor. À medida que você se torna esse espaço, a facilidade e a paz de ser você, as pessoas ao seu redor não podem mais se apegar à loucura delas tanto quanto podiam quando você brincava de loucura junto com elas. Ah, a alegria! Imagine o mundo diferente que todos podemos criar.

O que você está fazendo para não se conscientizar? Com o que você está se ocupando para evitar de ser, saber, perceber e receber? O que é verdadeiramente possível para você e sua vida com a conscientização que você ainda não reconheceu?

Estar ciente é receber todas as informações de tudo e de todos. Isso nem sempre é confortável. Você está ciente da felicidade, da tristeza e de todas as maneiras em que as pessoas estão funcionando. A possibilidade de estar consciente e ciente é que você pode ter tudo isso com facilidade. Você pode receber todas as informações e usá-las a seu favor para criar sua vida. Como? Parando de fingir que há algo errado com você. Reconheça que não há nada errado com nada e que as informações que você está captando são apenas um ponto de vista interessante.

Você prefere andar de olhos vendados pelo mundo, evitando o que sabe e esperando que acerte algum dia, ou gostaria de abrir os olhos e receber todas as informações para saber aonde você pode ir depois, o que criaria possibilidades mais grandiosas para você?

O que é Autismo?

Existem muitos mal-entendidos e falta de informações sobre o autismo no mundo. O autismo é considerado uma deficiência nessa realidade. O ponto de vista é que há algo errado com as pessoas autistas.

E se não houver nada de errado com essas pessoas?

Trabalhar com pessoas autistas virou de cabeça para baixo tudo o que eu aprendi durante minha formação. Fiquei surpresa com a falta de informações e com as informações incorretas que me foram passadas. O que encontrei no meu trabalho com pessoas autistas são a possibilidade e a contribuição das pessoas com autismo para este mundo. Elas realmente são diferentes. Ser diferente não é uma característica considerada valiosa nessa realidade. Ser autista significa ser extremamente diferente na maneira de ser e funcionar. Significa estar extremamente consciente de tudo e de todos ao seu redor o tempo todo.

As pessoas "normais" geralmente têm suas barreiras e defesas erguidas. O ponto de vista é que as barreiras o protegem do que está acontecendo ao seu redor. Faz você se sentir seguro e lhe dá uma noção de si mesmo. Pessoas com autismo não têm essas defesas.

Fazendo perguntas e explorando o que mais é possível, descobri que a necessidade de defesas é uma abordagem de vida que não funciona muito bem. Não cria mudanças, nem melhora as coisas. A defesa mantém você em constante espera pelo ataque e em modo de luta. Quando algo não funciona, eu olho para isso e faço perguntas para obter mais informações, para saber o que mais é possível e o que funcionaria ainda melhor. Isso é ser pragmático. (Ei, espere um segundo, este livro se chama *Psicologia Pragmática*!).

A abordagem de estabelecer defesas realmente nos dá menos de nós mesmos. Ela cria o ponto de vista de que é possível ser afetado negativamente por outras pessoas e cria a necessidade de defender constantemente o território e o espaço pessoal.

Quanto você está defendendo seu espaço pessoal o tempo todo, como se isso fosse necessário para você estar seguro e ter paz? Quanto isso está funcionando bem para você? E quanto disso faz você se sentir cansado, e sozinho, e não conectado às outras pessoas, à Terra, à natureza e ao seu corpo? Você consideraria uma possibilidade diferente?

Todas as necessidades de barreiras e defesa, e todos os pontos de vista que você criou mantendo isso em existência, e tudo com o que você concorda, se alinha, resiste e reage, você vai destruir e descriar tudo isso agora? Gratidão.

Certo e errado, bom e mau, POD e POC, todas as nove, curtos, garotos e aléns.

Baixar suas barreiras permite que você receba tudo e esteja conectado a tudo. Quando mudei meu ponto de vista, deixei de lado minha necessidade de barreiras, e me permiti ficar vulnerável, toda a minha vida mudou. Eu percebi quanta potência existe derrubando minhas barreiras. Eu tive mais acesso a mim do que nunca.

Quando trabalho com cantores, atores e pessoas que desejam que sua voz seja ouvida, geralmente praticamos a redução das barreiras para permitir uma maior conexão com o público. À medida que eles permitem que outras pessoas os vejam e provem de seus dons, seus dons são mais bem recebidos. A voz deles muda instantaneamente sem ter que aprender nenhuma técnica. Eles estão presentes consigo mesmos e tudo e todos passam a ser um presente para eles. Esta é uma contribuição que cria uma possibilidade diferente para o mundo.

Trabalhei com uma mulher que disse que tinha medo de falar em público. Ela subiu ao palco em um dos meus *workshops* e a primeira coisa que pedi a ela foi para baixar as barreiras. Ela baixou as barreiras, caiu na gargalhada e tornou-se uma alegria total. Perguntei a ela do que ela tinha se conscientizado e ela disse: "Ai meu Deus, eu sempre pensei que tinha medo de ser vista e ouvida e que só queria me esconder do mundo, e agora percebi que tudo isso era uma mentira, e que eu amo falar. E o que eu pensava ser medo, na verdade, é a excitação e a alegria de ser vista e ouvida."

Mais tarde, a mulher me disse que foi a um grande desfile de moda, falou para um grande público, e que gostou do que fez, e isso permitiu a mudança no mundo dela. Tudo isso foi o resultado de baixar as barreiras e permitir-se receber a si mesma.

O que você pode descobrir sobre você, baixando todas as suas barreiras e se recebendo?

Tudo o que não permite que você seja, saiba, perceba e receba isso totalmente, você vai destruir e descriar tudo isso? Gratidão.

Certo e errado, bom e mau, POD e POC, todas as nove, curtos, garotos e aléns.

Estar conectado a tudo e a todos lhe permite receber todas as informações necessárias o tempo todo. Baixar suas barreiras contribui para a energia que seu corpo precisa. Receber tudo cria o espaço onde o corpo exige menos sono e menos comida. As pessoas pensam que a energia vem principalmente da comida e do sono. Verdade? Quantas vezes você dormiu e comeu muito e ainda continuou cansado? Quantas vezes você comeu e se sentiu mais cansado depois? Quantas vezes você forçou seu corpo a dormir, tendo o ponto de vista de que é isso que você precisa para ter a energia necessária para sobreviver?

Tudo o que isso é, e todos os pontos de vista que você tem sobre a necessidade de sono e comida que se sobrepõem à sua conscientização, você vai destruir e descriar tudo isso agora? Gratidão.

Certo e errado, bom e mau, POD e POC, todas as nove, curtos, garotos e aléns.

Abandonar todos esses pontos de vista permite que você faça perguntas que lhe fornecem informações sobre o que você e seu corpo realmente requerem. "Corpo, você gostaria de comer agora? Corpo, o que você gostaria de comer? Quanto?" Seu corpo lhe dará a conscientização a respeito do que ele requer e quando. Seu corpo fala com você o tempo todo. Depois de começar a fazer perguntas e a ouvir, você terá mais facilidade em escutar o que ele lhe diz.

Baixar suas barreiras permite que você seja a mágica que realmente é. Isso permite que você seja e receba infinitamente. Quanto de sua riqueza financeira você está diminuindo com as barreiras que está levantando para receber? Você está ciente das barreiras que ergue e não sabe o que deixar entrar? Elas protegem você de tudo, até do dinheiro. As barreiras não sabem que o trabalho delas é deixar todo o dinheiro que você deseja entrar em sua vida.

Tudo o que isso é, você vai destruir e descriar? Gratidão. Certo e errado,
bom e mau, POD e POC, todas as nove, curtos, garotos e aléns.

Você está começando a ter uma ideia a respeito das barreiras que criou em sua vida? Elas estão fundamentadas na mentira de que você precisa delas. Pergunta: Isso é verdadeiro? Esse ponto de vista faz você se sentir mais leve? Isso cria mais em sua vida, ou menos?

Ser vulnerável não é um "erro". É um "ponto forte". É ser e receber tudo sem um ponto de vista de que alguma coisa ou alguém possa machucá-lo. É como ser um *marshmallow*. Tudo apenas retorna. Ter barreiras significa que sempre há algo contra o que lutar e isso requer muita energia. Não há nada que possa machucá-lo, a menos que você tenha o ponto de vista de que isso pode machucá-lo. Novamente – seu ponto de vista cria sua realidade.

Ser vulnerável e receber tudo não significa que você se agarre às coisas ou que tenha que se apegar a elas, carregá-las ou armazená-las em seu corpo. Isso significa que você está ciente delas e as deixa passar por você, como o vento.

O que tudo isso tem a ver com autismo?

A conscientização a respeito das barreiras lhe oferece uma perspectiva diferente de como as pessoas autistas funcionam. Ela o convida a um ponto de vista diferente, onde estar ciente de tudo o tempo todo não é um "erro", mas uma "força".

Ser autista é não ter nenhum filtro ou barreira para todas as informações e conscientização. É como não ter uma pele. Está tudo lá e tudo ao mesmo tempo.

O ponto de vista geral é que as pessoas autistas apresentam ausência de emoções e sentimentos, e que isso é uma deficiência.

Quanto mais você pode ser e receber a si mesmo quando não está pensando, sentindo ou se emocionando?

Pensamentos, sentimentos e emoções são baseados na polaridade – bom e ruim, certo e errado. Você está sempre em um polo ou no outro e nunca tem a liberdade de ser.

Você está disposto a descobrir quem você é além dos pensamentos, sentimentos e emoções? É uma aventura e tanto. É o lugar onde você tem escolha, uma escolha verdadeira.

Se isso for um "sim" para você, execute esse processo sempre que possível:

Que invenção você está usando para criar os pensamentos, sentimentos e emoções que o chateiam você está escolhendo?

Tudo o que isso é, você vai destruir e descriar? Gratidão.

Certo e errado, bom e mau, POD e POC, todas as nove, curtos, garotos e aléns.

Pessoas autistas percebem tudo o tempo todo, o que significa que elas captam informações, pensamentos, sentimentos, e emoções o tempo todo, além de tudo o que é dito e não dito verbalmente.

Eu tenho um amigo que trabalhou com uma mãe e seu filho autista e eles estavam sentados na sala quando o garoto olhou para a geladeira e, sem usar palavras, informou à mãe que ele queria suco de laranja. A mãe recebeu as informações e, quando estava a caminho da geladeira, perguntou, com palavras, se ele queria suco de laranja e o garoto começou a gritar. Meu amigo perguntou à mãe: "Então, seu filho está frustrado agora, porque ele sabe que você já sabe o que ele quer e que você fez uma pergunta sobre algo que você já sabia?" "Sim" foi a conscientização. A pergunta da mãe deixou o garoto frustrado, pois sua mãe ficou se fazendo de desentendida, fingindo não saber o que sabia.

Esse é um exemplo de como as pessoas autistas funcionam. Elas se comunicam com e sem palavras. As palavras não são uma necessidade no mundo delas, e elas sabem que você sabe, e elas sabem quando você está fazendo corpo mole e sendo mais estúpido do que você é, o que causa grande parte das frustrações e birras dos autistas.

É curioso como, nos autistas, o que parece ser birra e aborrecimento, na verdade, não se trata de algo errado, mas uma maneira de lhe dizer algo, uma informação a respeito de uma possibilidade. E se abandonarmos a percepção de que algo está errado e recebermos a possibilidade que escondemos por trás disso?

Muito se fala que o autismo significa uma deficiência na comunicação. Quanto este ponto de vista é incorreto?

Todos nos comunicamos com e sem palavras. Quantas vezes você sabia quem estava ligando para você antes de pegar o telefone ou verificar a tela? Quando você pensa em uma pessoa, quantas vezes essa pessoa realmente pensa em você e requer algo de você, e você concluiu que é você quem está pensando nessa pessoa?

Sabemos muito mais do que pensamos. Pensar é apenas uma maneira secundária de saber. Saber é mais ágil e rápido. Estar com pessoas autistas é incrível e uma ótima maneira de praticar o seu conhecimento e a sua comunicação além da necessidade de palavras.

Eu brinco com isso o tempo todo na minha prática. Há um teste psicológico que eu uso com meus pacientes. Nós brincamos com isso. Não foi feito para brincar – isso deve ser muito sério, mas não funciona para mim. Adoro usá-lo para capacitar as pessoas a saberem que elas sabem. Este teste é como um quebra-cabeça; há uma figura em que uma peça está faltando e há cinco respostas para escolher e uma delas é a peça que está faltando na figura.

Primeiro, pergunto ao cliente qual é a peça certa, o que significa que peço que usem o cérebro, pensem e descubram a resposta certa. Então pergunto como isso funcionou para ele e, geralmente, a resposta é que foi um trabalho difícil, ou que a cabeça ou os olhos doíam por se concentrar na imagem e descobrir a resposta certa. Depois, fazemos novamente com outro quebra-cabeça. Desta vez, peço ao cliente que não pense e use seus conhecimentos e pergunte ao quebra-cabeça qual peça está faltando.

O resultado é que, na maioria das vezes, a resposta que os clientes apresentam é correta e eles ficam surpresos com o quão rápido e fácil foi. Eles dizem que o cérebro deles estava dizendo a eles que as coisas não podem ser tão fáceis e rápidas, e que eles deveriam pensar um pouco mais para encontrar a resposta certa. O que eles aprendem é que podem confiar na conscientização deles. Depois, fazemos mais uma rodada e, novamente, peço aos clientes que usem o saber deles, e digo que terei a resposta correta em minha cabeça e eles só precisam tirá-la de lá. Essa é uma maneira divertida de explorar como é captar os pensamentos de outras pessoas. E funciona.

Então, quais as capacidades de conhecer e captar os pensamentos, sentimentos e emoções de outras pessoas que você ainda não reconheceu?

Tudo o que não permite que você seja, saiba, perceba e receba isso, você vai destruir e descriar, por favor? Gratidão.

Certo e errado, bom e mau, POD e POC, todas as nove, curtos, garotos e aléns.

Permitir que você saiba ajuda muito quando você se comunica com pessoas autistas. Isso cria tanta facilidade e paz no universo delas que você não finge ser mais estúpido do que realmente é.

E se você pudesse pegar tudo de que está ciente e usar isso como uma contribuição para sua vida e seu corpo? Quanto mais facilidade isso criaria em sua vida?

Uma mãe com quem trabalhei tem um filho autista e ela se queixou do fato de que ele não se aprontava a tempo pela manhã. Ela usou todas as estratégias possíveis para manipulá-lo para se arrumar, mas ele recusou. Ela me pediu ajuda, então eu disse a ela para telepaticamente dar imagens ao filho, como uma rápida apresentação de slides, do que ela gostaria que ele fizesse e como seria o dia. Ela nunca havia feito isso e não sabia se comunicar telepaticamente, mas pensou que ao menos tentaria.

Não tendo nada a perder e sem saber realmente como deveria fazer isso, em sua mente ela apenas obteve imagens de como o dia deveria ser e deu ao filho o *download* disso. A mulher mal pôde acreditar como isso funcionou. Seu filho relaxou e se preparou a tempo, bem antes que eles tivessem que sair. Eles continuaram se comunicando dessa maneira e o relacionamento deles melhorou dinamicamente.

Pessoas autistas têm capacidades surpreendentes que estão além do que essa realidade pode compreender ou entender. Eles funcionam além da norma e estão muito além dos parâmetros que chamamos de normal, e eles são tão diferentes que a única maneira de compreendê-los nessa realidade é chamar o autismo de deficiência.

Isso também se aplica ao TDAH, TOC e outros diagnósticos deste tipo. Todos esses diagnósticos são uma mutação da espécie em um modo diferente de funcionar que não faz sentido, e as pessoas querem entender, descobrir e explicar o que não conseguem entender, e tudo o que é diferente deve estar errado. Ponto de vista interessante. Por que a diferença tem que estar errada?

Que diferença você é que transformou em um erro que, se você fosse essa diferença, mudaria toda a sua vida?

Tudo o que isso é, você vai destruir e descriar? Gratidão.

Certo e errado, bom e mau, POD e POC, todas as nove, curtos, garotos e aléns.

Estou escrevendo muito sobre autismo, pois é um dos fenômenos menos compreendidos na psicologia, além da esquizofrenia e psicose. E se, em vez de rotulá-lo como um "erro", déssemos outra olhada nisso e perguntássemos: "O que é realmente possível aqui? O que podemos aprender aqui que não reconhecemos?"

Pessoas autistas não funcionam a partir de pensamentos, sentimentos ou emoções, uma vez que nada disso faz sentido para elas. Pensar, sentir e se emocionar são os harmônicos mais baixos do ser, saber, perceber e receber. Pensar, sentir e se emocionar são a versão contraída de ser, saber, perceber e receber, pois são baseados na polaridade. Sempre há um lado positivo e um negativo. Esse não é o caso de ser, saber, perceber e receber. Não se trata de ter como base a polaridade e sim ser a maneira expansiva em que podemos operar.

Nesta realidade, aprendemos que há um grande valor em pensar, sentir e se emocionar. Interessante, não é exatamente isso que causa problemas e nos mantém trancados em sofrimento constante? É muito fácil ir além do pensamento, sentimento e emoção e funcionar a partir de ser, receber, perceber e saber. É mais rápido e facilita muito a vida, pois você não se torna mais o efeito da polaridade, do bom e do mau. Bom ou mau deixa de ser relevante e tudo é apenas um ponto de vista interessante, e você tem escolha.

Para pessoas autistas, é muito doloroso ser forçado a funcionar a partir do harmônico mais baixo de pensamento, sentimento e emoção. É como forçar uma grande bola redonda em uma pequena caixa quadrada. A maneira como elas funcionam a partir do ser, saber, perceber e receber os torna extremamente conscientes dos pontos de vista de outras pessoas. Elas estão muito conscientes de todas as informações ao redor delas o tempo todo.

Não pergunte às pessoas autistas como elas se sentem. Se você perguntar isso, elas aproveitarão todos os sentimentos das pessoas ao redor delas para descobrir como devem se sentir. Pergunte a elas do que estão cientes. Quando você perceber que elas estão se contraindo e ficando chateadas, pergunte a elas: "A quem pertence isso? Isto é seu?"

Fazer essas perguntas cria um grande relaxamento para os autistas, já que eles têm o poder de saber que estão cientes e que o que estão cientes não tem nada a ver consigo mesmos.

Este não é apenas o caso de pessoas autistas. Quantos dos pontos de vista e problemas que você coloca sobre seus ombros todos os dias não são realmente seus?

Você gostaria de se desapegar de tudo o que não é seu e devolver ao remetente, sem precisar saber quem é o remetente? Gratidão.

Eu estava trabalhando com um jovem com Asperger – um tipo de autismo – e assim que ele aplicou a ferramenta de perguntar "a quem pertence isso?", e "isso é meu?", para cada pensamento, sentimento e emoção que ele pensava ser dele, seu mundo inteiro mudou. Ele me contou sobre a enorme liberdade que isso criou para ele e que percebeu o quão diferente ele é, e que não há nada errado com ele, e que o jeito que ele é, na verdade, é uma ótima maneira de ser.

O jovem então me disse ter percebido que as pessoas "normais" criam muitos problemas com seus pensamentos e sentimentos e que dão muito sentido a tudo. Ele pode não saber o tempo todo o que é socialmente apropriado, mas agora ele não se torna mais errado quando percebe que as pessoas estão chateadas, ele simplesmente pergunta: "Como você está? O que está acontecendo? Posso ajudá-lo de alguma forma?" Na maioria das vezes, isso diminui a intensidade da raiva das pessoas.

Ele disse que muitas vezes se sente como um alienígena, sem entender qual é a confusão para a maioria das pessoas, e as razões para as pessoas reagirem de determinadas maneiras, mas ele não se incomoda mais. Ele se sente bem consigo mesmo e sabe que é uma contribuição para o mundo apenas por ser quem ele é.

É isso que torna meu trabalho muito divertido.

O autismo é um nível de conscientização que você não pode desligar, mas você tenta encontrar uma maneira de viver com a insanidade das pessoas que desligam a consciência delas ao seu redor. Pessoas autistas não têm botão de desligar. Desligar a conscientização não faz sentido no mundo delas.

Os autistas funcionais – aqueles que são autistas e aprenderam a parecer normais e a viver uma vida "normal" – tentam descobrir onde precisam colocar a conscientização deles para que funcione para os outros. Eles se adaptam. Isso requer muita energia e requer muito esforço para ocultar o que eles sabem, até de si mesmos, para se encaixarem na realidade de outras pessoas.

Reconhecer que é isso que eles fazem, toda vez que interagem com outras pessoas cria uma grande liberdade e convida à escolha. A possibilidade é ser tudo o que você é com todos e dizer o que as outras pessoas podem receber. Você não precisa dizer o que sabe às pessoas que não podem recebê-lo. Tudo o que eles farão é resistir a você. Como meu amigo, Gary Douglas, diz: "Apenas para você, apenas por diversão, nunca conte a ninguém".

Nunca diminua sua conscientização em favor dos pontos de vista de outras pessoas. Você sabe o que sabe, não importa o que as outras pessoas digam. E se você pudesse receber o que as outras pessoas pensam e sentem como um ponto de vista interessante e não torná-lo real ou significativo e saber o que você sabe?

Eu estava no aeroporto noutro dia, me preparando para embarcar. Os funcionários estavam muito nervosos e queriam que eu andasse mais rapidamente. Por um segundo, eu estava me apressando e andando mais rapidamente, e tornei real o ponto de vista da equipe. Então me perguntei o que eu sabia, recebi a conscientização de que tínhamos tempo, reconheci o que eu sabia e relaxei. O que surgiu foi que a equipe começou a relaxar também, e tudo estava bem. Havia muito tempo antes da decolagem do avião.

Reconhecer o que você sabe cria mais liberdade e facilidade em sua vida e na vida de outras pessoas. É o espaço em que você não joga mais sua conscientização em favor dos pontos de vista de outras pessoas.

Esquizofrenia e Psicose

Esquizofrenia e psicose são consideradas as doenças mentais mais graves. Elas devem ser curadas principalmente com medicamentos. Não existe terapia tradicional que possa curar esquizofrenia e psicose.

As pessoas que têm esses diagnósticos ouvem vozes ou veem coisas que outras pessoas não veem. Elas geralmente ficam muito confusas por causa disso. O ponto de vista comum é que essas pessoas devem estar doentes e que deve haver algo errado com elas. Essa é uma resposta que não deixa espaço para novas explorações. Não é de admirar que não haja terapias que possam facilitar uma possibilidade diferente.

Para criar uma realidade funcional diferente para as pessoas com esses diagnósticos, precisamos começar com perguntas. O que é isso? O que é possível com isso? O que é necessário para facilitar uma possibilidade diferente para essas pessoas?

Eu já atendi pacientes com esquizofrenia e psicose. Um deles era uma jovem que sempre ouvia vozes e via pessoas que outras pessoas não viam. Ela conseguia ver e ouvir pessoas que estavam mortas e que não tinham mais corpos. Ela conseguia conversar com a avó falecida. Cozinhando em sua cozinha, ela conseguia sentir pessoas que desejavam conversar com ela batendo em seu ombro.

O problema era que ela pensava que estava errada e doente e que precisava interromper seu saber acerca do que era capaz. Quando me contou sobre as vozes e o que via, o que exigiu muita coragem, perguntei se ela tinha talento e capacidade de estar ciente de seres sem corpos que ela não havia reconhecido. Ela sorriu, começou a rir e ela e seu corpo relaxaram. Todo o universo dela se iluminou e ela abriu a porta para acessar a si mesma e ao que era capaz mais do que nunca. Ela deixou de lado o ponto de vista de que havia algo errado e foi capaz de explorar e aproveitar seus talentos. Ela não precisava mais de psiquiatria.

A maioria das pessoas que trabalha com pacientes diagnosticados com psicose e esquizofrenia está ciente de que é isso o que acontece, mas nunca permite ou se atreve a reconhecê-lo, pois isso é totalmente fora do normal.

Agora é a hora de sermos corajosos e vermos o que realmente está acontecendo, em vez de buscarmos o que é "normal" ou cientificamente comprovado? Se não podemos ajudar as pessoas e transformar o que está acontecendo em algo maior, o que há de bom nos modelos e teorias que aprendemos? Se não funcionar, faça uma pergunta. Se não funcionar, pergunte e explore uma possibilidade diferente. Seja pragmático. Esteja desperto. Seja corajoso o suficiente para olhar além da norma.

Seguir o que os outros dizem, o que a ciência diz, o que outras teorias dizem é manter o *status quo* e manter o que as pessoas pensam que está acontecendo. Reconhecer o que realmente está acontecendo tem o potencial de criar possibilidades que empoderam as pessoas a saberem que elas sabem. Isso tem o potencial de criar um mundo diferente e um futuro sustentável.

Entidades

Trabalhando em psiquiatria, isso é algo que surge diariamente, independentemente de você trabalhar com pessoas que foram diagnosticadas com esquizofrenia e psicose ou não. Entidades, que são seres sem corpos, conversam conosco o tempo todo. Muitas pessoas acabam na psiquiatria porque estão cientes das entidades e não receberam educação sobre como lidar com elas. Assim que aprendem a lidar com o que elas estão conscientes, o diagnóstico e a doença mental não são mais relevantes. Eles podem ter uma sensação de paz e facilidade com o que estão cientes.

Em muitas situações inexplicáveis, em que as pessoas sofrem surtos repentinos, você pode perguntar se isso tem algo a ver com entidades. As pessoas que fazem uso de drogas, bebem muito ou escolhem inconsciência permitem que seus corpos sejam alugados e então as entidades podem entrar e assumir o controle.

Recentemente trabalhei com uma senhora cujo irmão me ligou e disse que sua irmã ficou totalmente diferente repentinamente; ela liga para as pessoas, diz coisas estranhas para elas e não sai de casa, e ele não sabe o que fazer. Ele me pediu para vê-la.

Quando a visitei em sua casa, ela abriu a porta e sua expressão geral estava confusa e ela literalmente não estava em si. Então me sentei e perguntei a ela a respeito do que estava acontecendo. Perguntei se ela gostaria de deixar de lado o que não estava permitindo que fosse ela mesma naquele momento. Ela disse que sim e realmente era um sim. As pessoas costumam dizer sim para se livrarem, e o que elas querem dizer é não.

Enquanto ela estava falando, eu me conectei energeticamente às entidades do corpo dela e as removi. Ela olhou para mim, sorriu e me agradeceu. Acontece que ela tinha essas entidades em seu corpo o tempo todo, mas algo as estimulou, e dessa vez ela escolheu deixá-las ir. Ela chegou ao consultório no dia seguinte, totalmente mudada, sendo ela mesma novamente.

Se eu tivesse feito psicologia normal, ela teria sido transferida a um hospital para internação e teria recebido medicação. O que isso teria criado para ela?

O que eu fiz foi estranho e maluco, mas funcionou. Isso é ser pragmático, fazer o que funciona.

Algumas pessoas são chamadas de portais, o que significa que são uma porta escancarada para as entidades. Esse é o caso dos esquizofrênicos. Em algum momento, eles escolheram ser portais. Entidades os atravessam como carros em uma rodovia. Você pode perceber isso quando fala com uma pessoa e de repente parece que está falando com outra, e alguns instantes depois você nota que há mais uma. Se a pessoa optar por deixar de ser um portal, é muito fácil e rápido de fechá-lo. Os edifícios também podem ser portais. São lugares onde você de repente fica muito tonto ou percebe algo estranho. Apenas lendo isso você se conscientiza da energia de que estou falando.

Pergunte a si mesmo quantos dos seus pensamentos são seus. Quando você tiver dificuldade para decidir o que fazer e há uma voz lhe dizendo para ir a uma direção e outra voz querendo que você vá a outra direção, ou as vozes falarem com você usando "você", pergunte-se: "Estou ciente dessas entidades?" Como saber se são entidades?

Pergunte: "Verdade, estou ciente das entidades?" "Sim" ou "Não" fazem você se sentir mais leve? O que faz você se sentir mais leve é verdadeiro para você.

Entidades gostam de viver no corpo das pessoas. É muito comum que uma ou mais entidades estejam dentro do corpo de uma pessoa. Isso não é uma coisa terrível. As entidades não são mais poderosas que você. Você é o único que tem o corpo, você está no comando!

Como você remove as entidades?

Ao conectar-se às entidades que você deseja que o deixem, use esta frase aclaradora:

Truth, who are you, truth, who were you before that, truth, who were you before that, truth, who were you before that? (Verdade, quem é você, verdade, quem foi você antes disso, verdade, quem foi você antes disso, verdade, quem foi você antes disso?) (Você diz isso até que a energia mude.)

"Truth, who will you be in the future? Thank you, you can go now." (Verdade, e quem você será no futuro? Gratidão, agora você pode ir).

"And all the magnetic imprints in the body, destroy and uncreate them." (E todas as impressões magnéticas no corpo, eu as destruo e descrio).

Certo e errado, bom e mau, POD e POC, todas as nove, curtos, garotos e aléns.

Ao perguntar: "Quem era você antes disso? Quem você será no futuro?" você remove a entidade da posição estagnada no tempo. As impressões magnéticas são os sinais que a entidade deixa em seu corpo enquanto estão lá.

Bipolaridade

Bipolaridade tinha um nome diferente no passado e o diagnóstico era de maníaco-depressivo. Trata-se de quando as pessoas têm episódios depressivos (baixos) e maníacos (altos).

Quando trabalho com pessoas diagnosticadas com bipolaridade, sempre me pergunto: "Verdade, isso é realmente bipolaridade?" Muitas vezes, meu conhecimento diz que não é bipolaridade, mesmo que a pessoa tenha recebido este diagnóstico. São simplesmente pessoas que foram mal compreendidas e que foram mais felizes que a norma. Ser feliz demais faz as pessoas se perguntarem o que há de errado com você.

Quanto você está escondendo sua alegria e felicidade para não parecer louco ou demais?

Tudo o que isso é que você vai destruir e descriar? Gratidão.

Certo e errado, bom e mau, POD e POC, todas as nove, curtos, garotos e aléns.

Sei que tudo isso é muito fácil: fazer uma pergunta para descobrir o que realmente está acontecendo, em vez de comprar a conclusão que outra pessoa criou ao dar ao paciente um diagnóstico.

Muitas vezes, os períodos de baixa, ou depressão, correspondem à conscientização das pessoas sobre a densidade de outras pessoas e dessa realidade. Muitos dos clientes que conheço estão simplesmente cientes do que está acontecendo no mundo e o compram como deles, criando isso como se fosse deles, e assim se tornando o efeito disso. O uso da ferramenta "a quem pertence isso?" cria uma grande mudança, pois reconhece que a tristeza que eles pensam ser deles realmente não tem nada a ver com eles.

Em uma sessão, você pode mudar a vida de alguém, simplesmente fazendo perguntas e reconhecendo o que está acontecendo.

O que eu descobri com clientes que foram diagnosticados como bipolares é que, ao perguntar se é bipolaridade e receber um "sim", eles estão criando um universo conflitual, o que significa que eles estão constantemente vivendo em um mundo ou outro. Uma de minhas clientes tinha um universo conflitual com sua sexualidade, onde ela queria fazer muito sexo e, ao mesmo tempo, sentia nojo de sexo e queria ser freira.

A bipolaridade está constantemente criando separação, querendo estar aqui, e não querendo estar aqui, querendo ter um corpo, e não querendo ter um corpo. Nos períodos de alta, em que tudo é tão fantástico, as pessoas sentem que finalmente são elas mesmas. E sim, elas são de alguma forma a alegria que realmente são e, ao mesmo tempo, criam essa alegria como um estado, um lugar aonde elas têm que ir para alcançar essa alegria, em vez de serem um reconhecimento pacífico e sem dúvida de quem elas já são. Facilitar o cliente a ser, saber, perceber e receber isso pode criar uma grande mudança.

A alegria não é um estado para se chegar ou alcançar. É o que já somos. Quando você começa a reconhecer isso, não há necessidade de trabalhar duro para se alegrar ou tentar se sentir bem ou provar a si mesmo que está feliz. Você deixa de lado a parte maníaca da felicidade e fica feliz com muita paz. A verdadeira felicidade é a conscientização de que sempre existem possibilidades de expansão.

No campo psiquiátrico, não há muita clareza a respeito do TDAH e a bipolaridade. Existem certas semelhanças. Ambos os grupos de pessoas são muito conscientes e têm altos e baixos além do padrão. O que descobri é que definir um diagnóstico não é realmente relevante, já que isso geralmente é uma maneira de encontrar uma resposta. Em vez disso, o diagnóstico ajuda a ter a conscientização do que está acontecendo com cada pessoa, e de que maneira a pessoa está criando sua limitação. Trata-se principalmente de universos conflituais ou elas não sabem como lidar com a conscientização delas, as duas coisas, ou algo além disso?

As perguntas o levarão a saber o que está se passando e as opções disponíveis que criam um futuro diferente.

CAPÍTULO DOZE

SAINDO DO ABUSO

Muitas pessoas sofreram abuso de uma forma ou de outra. Abusos sexuais e verbais são os que a maioria das pessoas considera. Existem muitas outras formas de abuso que infligimos a nós mesmos todos os dias, como o pensamento excessivo: usar o cérebro mais do que o necessário para garantir que você esteja certo e não esteja errado; comer mais do que seu corpo exige; e não perguntar se, o que e quando seu corpo gostaria de comer; vivendo pelas respostas dessa realidade e não fazendo perguntas.

Qual é a sua ferramenta de tortura favorita para uso diário em você e no seu corpo? Você consideraria deixar isso para trás e descobrir uma maneira diferente de se divertir? Quanto você usa todas essas formas de abuso para se manter ocupado, para se encaixar, para ser como todo mundo, para não ser tão potente quanto você realmente é, para se distrair de criar sua vida autêntica?

Tudo o que isso é, você vai destruir e descriar isso, por favor? Gratidão.

Certo e errado, bom e mau, POD e POC, todas as nove, curtos, garotos e aléns.

O abuso é uma espécie de estado funcional nesta realidade. O que eu quero dizer? Vamos fazer um pequeno experimento. Estamos falando de Psicologia. O que seria da psicologia sem experimentos?

Meu tipo de Psicologia é mais como um experimento lúdico. Você vem comigo?

Aproveite a energia do abuso, o que significa permitir que você faça o *download* do que é a energia do abuso. Você não precisa visualizar ou fazer nada para isso, apenas perceba qual é a energia do abuso. Veja como essa energia é percebida no seu corpo. Onde você está se contraindo agora? Onde você se sente tenso? Quanto espaço você tem agora?

Agora sinta quanto dessa energia é a energia dessa realidade, onde tudo está relacionado à conformidade, a ser normal, a estar certo, a ser como todo mundo, a fazer a coisa certa, a viver a vida certa com o emprego certo e o homem certo ou a mulher certa, e a quantidade certa de dinheiro, evitando estar errado, evitando perder? Quanta contração você está ciente agora em seu corpo?

Bem-vindos a esta realidade, senhoras e senhores. E se você agir agora poderá ter uma sentença perpétua na realidade da prisão, pagando o preço de você. Uma piada que estou fazendo... Ou não.

Quanto você tem que se abusar e se torturar para poder fazer parte desta realidade e fazer com que você sinta que se encaixa aqui?

Tudo o que isso é, você vai destruir e descriar, por favor? Gratidão.

Certo e errado, bom e mau, POD e POC, todas as nove, curtos, garotos e aléns.

Agora, liberte-se da energia do abuso e todos com quem você acabou de se conectar, para saber o que é abuso. Gratidão.

Você está mais relaxado desde que liberou essa energia? Este exercício permite que você veja que está ciente das energias o tempo todo e que pode recebê-las a qualquer momento, e deixá-las partir novamente, sem esforço ou força, apenas por escolha. Quanto mais você brinca com isso, mais fácil será.

Na próxima vez em que você estiver na presença dessa energia de abuso, seja na forma de uma pessoa ou de uma situação, diga a si mesmo: "Ah, aqui está essa energia novamente, o que eu gostaria de escolher agora?" Você não mais se tornará automaticamente o efeito disso, pois você está ciente do que isso é. A conscientização acerca do que está acontecendo é o que cria uma possibilidade diferente para você.

Eu já tive um relacionamento com um homem que me dizia o quanto ele me amava e me adorava, e que eu era a melhor coisa que aconteceu para ele, exceto nas vezes que ele dizia que eu era doente, pesada e raivosa. Por um tempo, me tornei errada por não ser feliz quando ele declarava seu amor por mim. Como posso ficar com tanta raiva quando ele me diz o quanto me ama; quão errada, terrível e fria eu sou?

Depois de um tempo dessa tortura, finalmente me tornei inteligente o suficiente para usar minhas próprias ferramentas. Então perguntei: "O que está acontecendo? De que estou ciente aqui que não reconheci? Que mentiras estão presentes aqui, ditas ou não ditas?" Perguntar qual é a mentira é uma ótima pergunta quando você fica com raiva.

Não demorou muito tempo até eu receber as informações de um amigo que meu parceiro, que dizia que me amava, na verdade, tinha enormes ressentimentos por mim e pelo que eu estava fazendo no mundo. Quando recebi essa informação, me senti tão leve de novo e a raiva desapareceu. Percebi que toda vez que ele me dizia o quanto me amava e eu ficava brava, sentia que ele estava mentindo e que não me amava, mas me julgava por eu ser quem sou. Essa conscientização criou muito espaço para mim e eu me perguntei: "Esse é o tipo de pessoa com quem eu gostaria de sair? Quem e o que mais posso escolher para expandir meu mundo?"

A conscientização acerca do que está acontecendo sem tornar isso errado cria possibilidades e escolhas.

Abuso – Você é um curador?

Tive uma cliente com problemas para criar relacionamentos que funcionavam para ela e que tinha dificuldades para desfrutar de seu corpo e sexo. Durante nossas sessões, pela primeira vez, ela conheceu esse homem que era gentil com ela, que a tratava com respeito, e ela e seu corpo podiam relaxar. Ela me disse que estava pronta para ver o que estava acontecendo com seu corpo e suas dificuldades para desfrutar o sexo.

Perguntei a ela quando as dificuldades começaram e ela disse que foi após ser estuprada quando era adolescente. Depois disso, ela não gostou mais de sexo e sentia nojo de seu corpo. Perguntei-lhe quanto da raiva do estuprador ela havia trancado em seu corpo e estava segurando desde então. Era como se todo o seu universo explodisse quando eu fiz essa pergunta. Ela disse: "Ah meu Deus, é isso que tenho feito."

Conversamos sobre o ódio que esse homem tinha pelas mulheres, e perguntei se ela queria curar aquele ódio nele. Ela disse: "Essa é uma das perguntas mais estranhas de todos os tempos, mas me faz sentir mais leve." Ela percebeu que, com a escolha que fez, terminou o círculo de abuso que esse homem estava fazendo.

Uma pergunta que você pode fazer:

Que conscientização e que força eu tive à época do abuso que eu não reconheci?

O ponto de vista de que ela era a vítima a trancara e não permitia que seu corpo gostasse de ser tocado e limitava sua capacidade de receber, o que também se refletia em sua situação financeira. Ela percebeu suas capacidades de cura que vinha usando contra si mesma. Ela ficou ciente de todas as pessoas ao seu redor que tinham raiva, fúria e ódio como a principal maneira de funcionar. Ela sabia que tinha a capacidade de tirar isso dos universos e corpos dessas pessoas, e trancou isso no corpo dela por não reconhecer o que estava fazendo.

Quando fizemos perguntas sobre o que realmente estava acontecendo, ela pôde expandir sua conscientização e saber quais capacidades de cura ela possui e que agora pode usar em seu proveito. Depois de nossas sessões, ela me disse que isso mudou toda a sua vida e seu corpo. O namorado dela disse que ele não sabia o que havia acontecido, mas que todo o modo dele de ser com o próprio corpo e sexo também mudou.

Compartilhei este exemplo, pois possui muitos aspectos que você pode usar. Quanto você é um curador e tem sofrido a dor e o sofrimento dos universos e corpos de outras pessoas por toda a sua vida? Isso deixa você mais leve agora? Seu corpo relaxa? Você apenas respirou fundo ou suspirou? Ou isso mudou mais alguma coisa para você?

Essas são pistas de que há algo sobre isso que é verdadeiro para você. Quando você vive sua vida, constantemente tirando a dor e o sofrimento dos corpos e universos das pessoas sem estar ciente disso, você tira deles a escolha e se torna o efeito das coisas que acontecem ao seu redor. Depois de perceber do que é capaz, você pode usar isso em seu proveito e começar a usar essa capacidade para criar sua vida, em vez de abusar de si mesmo.

Eu costumava me sentir bêbada toda vez que ia a bares. Minha cabeça girava e eu me sentia totalmente bêbada sem ter tomado um gole de qualquer coisa alcoólica. Finalmente perguntei ao meu corpo o que estava acontecendo, de que meu corpo estava ciente e quais eram as capacidades do meu corpo que eu não havia reconhecido. (Boas perguntas, a propósito, que recomendo que você faça ao seu corpo.) O que aprendi foi que meu corpo tem a capacidade de tirar o álcool do corpo de outras pessoas. Quando me conscientizei disso, pude pedir ao meu corpo para não fazer isso o tempo todo, ou, se o fizesse, que isso fosse fácil e leve para mim. Desde então, nunca mais tive problemas em estar perto de pessoas bêbadas. Se eu escolher, posso dissipar o álcool no corpo de outras pessoas ou posso optar por não fazê-lo. Agora é uma escolha.

De que você e seu corpo são capazes, que você não reconheceu, e que se reconhecesse, isso lhe daria a totalidade de você?

Tudo o que não lhe permite ser, saber, perceber e receber isso, você vai destruir e descriar tudo isso? Gratidão.

Certo e errado, bom e mau, POD e POC, todas as nove, curtos, garotos e aléns.

Quando você está ciente de seus talentos e capacidades, pode começar a usá-los em seu benefício, em vez de ser vítima de tudo o que não estava disposto a saber sobre si mesmo.

Toda vez que você torna alguém ou algo mais poderoso ou valioso do que você, você se abusa. Com que frequência você chega à conclusão de que outra pessoa sabe mais que você, para criar justificativas com base na educação ou posição dessa pessoa na sociedade? "Ah, ele é um médico, ele deve saber mais do que eu."

Que criação você está usando para subordinar, absolver e resolver sua conscientização e escolha em favor da realidade de outras pessoas que você está escolhendo?

Tudo o que isso é, você vai destruir e descriar? Gratidão. Certo e errado, bom e mau, POD e POC, todas as nove, curtos, garotos e aléns.

Toda vez que você diz que alguém sabe mais, você desliga sua conscientização e limita você e sua vida.

Saber que você sabe e estar ciente do que você e seu corpo são capazes tiram você do abuso e abrem as portas para uma escolha infinita.

Bem-vindo à aventura chamada Você.

Capítulo treze

Depressão — A Grandeza de Você

"Enquanto você estiver respirando, poderá começar tudo de novo", é a música que estou ouvindo enquanto escrevo isso. Muito verdadeiro.

A depressão é uma das principais razões pelas quais as pessoas procuram a psiquiatria ou aconselhamento psicológico. A maioria das pessoas em algum momento de sua vida fica deprimida. É o estado em que se tem o ponto de vista de que não existe mais alegria e que não há como as coisas possam mudar. As pessoas dizem que não têm energia para dar um único passo para criar algo diferente.

Meus clientes costumam dizer que são vítimas de sua depressão, tentaram de tudo e nada ajudou, e estão cansados demais para poder mudar de estado. Às vezes, encontro clientes tão deprimidos que pararam de falar.

Estar deprimido é uma maneira de morrer lentamente. É o estado em que alguém desistiu e se rende às limitações dessa realidade. Um suicídio lento. Como posso colocar isso? Bem, pergunte-se: a depressão é algo que o domina ou as pessoas estão escolhendo ficar deprimidas? Sim, elas estão escolhendo ficar deprimidas. É uma maneira passiva de existir e é uma escolha ativa, mas não é uma escolha consciente. As pessoas deprimidas escolhem se render às limitações da vida. Elas podem não estar cientes do fato de que estão escolhendo isso. O ponto de vista delas é que elas não têm escolha.

Lendo isso, observe o que está acontecendo no seu universo e no seu corpo. Quanto você e seu corpo estão cientes da energia da depressão? Essa energia é familiar para você? Agora, em vez de combatê-la e tentar impedi-la, baixe todas as suas barreiras, ainda mais e mais, e esteja totalmente presente com essa energia; apenas dedique um tempo e esteja presente. Agora intensifique a energia, e mais ainda, e fique com ela por um tempo, um minuto ou alguns minutos ou até mais do que isso.

O que mudou?

Eu recomendo que você anote o que mudou para você depois de estar presente com a energia da depressão por um tempo. Você percebe que você fez essa energia mais poderosa do que você? É apenas uma energia. Então, quão real é a depressão e quão real você a tornou ao concordar e se alinhar com o ponto de vista de que isso é real?

E se a depressão não passar de um ponto de vista interessante?

A energia da depressão é uma energia familiar para você e essa é a energia que você chama de vida? Você definiu essa energia como quem você é? Novamente, seu ponto de vista cria sua realidade. Se você define a energia da depressão como quem você é, está se criando como deprimido. Diga a si mesmo: "Ponto de vista interessante, eu tenho esse ponto de vista", repetidamente.

As pessoas que são chamadas de deprimidas geralmente percebem a tristeza de outras pessoas e tentam mudá-las, assumindo-a e prendendo-a em seus corpos. Tornar-se consciente do fato de que você está ciente da tristeza de outras pessoas pode mudar muita coisa para você.

A depressão não precisa ter uma aparência específica. Às vezes, as pessoas têm uma aparência feliz e parecem felizes, mas não são felizes; elas estão realmente tristes e você está ciente disso. Quantas vezes você se faz de errado quando as pessoas parecem felizes e sorriem muito, mas você percebe que elas realmente não são felizes, enquanto pensa que deve haver algo errado com você por estar ciente da infelicidade delas?

E quanto você acha que essa infelicidade é sua, fazendo-se de errado por estar infeliz na presença delas quando aparentam ser tão "felizes"? Você apenas está ciente do que realmente se passa quando olha para o rosto delas, que fingem ser felizes. E se você não for o infeliz?

Você e seu corpo percebem a infelicidade ao redor e, se você não fizer uma pergunta, compra essa infelicidade como sua. Você pensa que é você que está infeliz e diz a si mesmo que está infeliz e, em seguida, procura evidências para provar que esse ponto de vista é muito real a ponto de: "Veja, estou franzindo a testa, o que significa que estou infeliz. Veja, tenho lágrimas nos olhos, isso significa que estou triste." Você poderia perguntar: "A quem pertence isso? Sou realmente eu que estou infeliz ou estou ciente da infelicidade de outra pessoa?" Na maioria das vezes, você está percebendo a infelicidade de outras pessoas, pensando e concluindo que é sua.

Quando pergunto aos meus clientes se eles tinham alguém ao redor deles que estava deprimido e infeliz quando eram mais novos, a maioria diz que "sim" e alguns dizem que "não". Fazer mais perguntas cria a conscientização de que realmente havia alguém que estava infeliz, mas que parecia e fingia ser feliz. Reconhecer o fato de que eles estavam cientes da infelicidade ao seu redor enquanto cresciam e o fato de que isso não lhes pertencia ilumina todo o universo deles.

As pessoas passam a vida inteira tentando fazer os outros felizes, pegando para si a infelicidade deles e prendendo-a em seus corpos, tornando-a delas. Quanto você faz isso o tempo todo com todo mundo? Essa é a energia que você usa para criar sua vida? Isso não tem nada a ver com você ou com a criação do que você realmente gostaria. Isso é criar você através da realidade de outras pessoas. É defender e guardar a realidade de outras pessoas e não criar a sua.

Não há necessidade de se julgar por fazer isso. Quanto você pode ser grato por estar ciente disso agora? Saber que é isso que você faz na maioria das vezes lhe dá o presente da escolha. Agora você pode, em todos os momentos da sua vida, estar ciente de estar comprando a realidade de outras pessoas como sua e curando-as sem que elas estejam interessadas em mudar. Você também pode estar ciente do que está acontecendo ao seu redor, não ter um ponto de vista e começar a criar sua vida.

Você tem um problema. Você é basicamente uma pessoa feliz, mas mantém isso em segredo para todos, inclusive para você.

Estar ciente da infelicidade de outras pessoas e tentar curá-la não é uma limitação; é uma capacidade que você tem. Reconheça a sua grandeza, como você é consciente e a sua capacidade de ser feliz. Isso o deixa mais leve? Lembre-se de que o que o torna mais leve é verdadeiro para você. Só porque você pode sentir algo, isso não se torna real. Você assume que tudo o que está ciente é um sentimento que tem e que é seu, para que possa ser como todo mundo, para que possa ser tão infeliz quanto todo mundo, para ser normal. Quanto isso é divertido?

Tudo é uma escolha. A depressão é uma escolha. Se você está escolhendo ficar deprimido, está escolhendo porque isso o faz mais feliz do que optar por ser feliz.

Não percebi isso por muito, muito tempo. Eu tentei transformar isso em algo lógico, mas isso não é lógico. Eu sempre pensei que tinha que trabalhar em todos os meus "problemas" para ser feliz. Eu achava que a felicidade é algo que conseguiria ter quando tivesse todos os meus problemas resolvidos e quando eu descobrisse o porquê de eu estar infeliz e quando eu entendesse as razões da minha infelicidade. Só que mais e mais problemas apareciam para eu resolver, porque eu tinha decidido que meu trabalho é resolver problemas para mim e para os outros. Escolhendo isso como meu trabalho, mais problemas apareciam para que eu pudesse manter meu trabalho. Essa é uma escolha.

Estou mudando isso agora e me perguntando: "Como posso usar a conscientização que tenho como fonte de alegria? O que mais posso escolher agora que mudaria tudo?"

Ser infeliz e deprimido é uma escolha e não há nada de errado com essa escolha. É algo que funciona para a pessoa por algum motivo. Reconhecer que é uma escolha cria o espaço onde você pode alterar sua escolha a qualquer momento.

Felicidade é o estado natural que você pode escolher quando não está escolhendo contra você.

Ser feliz é ser você.

Se você está sendo feliz, este é o espaço em que a mágica pode aparecer, onde tudo e todos podem contribuir para você. Você percebe que não pode ficar sozinho. É a vibração que permite que mais de você e mais felicidade apareçam.

Você pode dizer que não sabe ser feliz ou mudar sua vida. Não se trata da maneira. Escolher algo diferente, exigindo que sua vida mude é o que muda tudo.

Que tal começar a pedir que você seja e receba algo maior agora?

Você tem escolha o tempo todo

Você escolhe o tempo todo. Esteja ciente de que você tem escolha em tudo o que faz, mesmo que seja caminhar até a geladeira e pegar uma Coca-Cola. Você não precisa escolher – você pode escolher. É seu privilégio escolher. A escolha é a criação da sua realidade. Comece a escolher em incrementos de dez segundos. Agora, o que você está escolhendo? Dez segundos se passaram. Agora, o que você está escolhendo?

Não se trata de escolher certo ou o que é melhor. Trata-se de escolher o que quer que seja. Nenhuma escolha é melhor que a outra, são apenas escolhas diferentes. Você precisa fazer isso para saber do que estou falando.

Vá e escolha. Cheire uma flor. Dez segundos se passaram, o que você escolhe agora – continuar cheirando a flor ou outra coisa? Faça isso por um tempo, para ficar ciente do fato de ter escolha e de que todas as coisas que você faz e é são apenas uma escolha e não certo ou errado. Isso permite que você saia do lugar em que decidiu que não tem capacidade de escolher. Escolher é criar e isso cria o movimento em sua vida que leva a mais alegria e a tudo o que você deseja.

Que energia, espaço e consciência você e seu corpo podem ser que permite a você ser a alegria da escolha e da criação que você verdadeiramente é?

Tudo o que não permite que isso apareça, você vai destruir e descriar? Gratidão.

Certo e errado, bom e mau, POD e POC, todas as nove, curtos, garotos e aléns.

Capítulo Catorze

Morto-Vivo

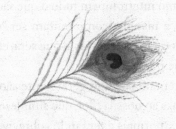

Na Psiquiatria, muitas pessoas pensam em morrer e tirar a própria vida. Algumas delas tentam suicídio.

A Psiquiatria na Suécia possui a chamada "tolerância zero ao suicídio", o que significa que nenhum suicídio deve ocorrer e os profissionais – sejam médicos, terapeutas ou assistentes sociais – devem ter o objetivo de fazer com que seus pacientes não se suicidem. É basicamente um ponto de vista de que o suicídio está errado e que é um fracasso no que diz respeito ao paciente e ao profissional. Existem pontos de vista semelhantes sobre isso em outros países.

Vivendo neste mundo, trabalhando em psiquiatria e observando como as pessoas funcionam, sempre me perguntei quanto as pessoas realmente estão vivendo. A maioria das pessoas existe, fazendo quase as mesmas coisas diariamente, como se estivesse no piloto automático, como se isso fosse tudo o que há para se fazer. O corpo delas está cansado, a cabeça está cheia de julgamentos e conclusões.

O que isso tem a ver com estar vivo? Quanto a energia de morrer uma morte lenta é um suicídio lento? Tendo concluído o que é possível e o que não é possível e projetado isso no futuro, quantas pessoas são realmente mortas-vivas? Onde está o viver; onde está a aventura?

Falamos sobre suicídio zero na psiquiatria, enquanto as pessoas em todos os lugares cometem um suicídio lento e doloroso todos os dias: a maneira como tratam seus corpos, a maneira como tratam umas às outras, a maneira como interrompem tudo o que são quando começam um relacionamento, a maneira como tentam ser "normais" e iguais a todos os outros. Eles estão concluindo o que será, em vez de fazer uma pergunta sobre o que poderia ser.

As pessoas que tentam suicídio geralmente são aquelas que agem mais do que as pessoas ao nosso redor, que simplesmente sobrevivem e existem, tentando ser normais e tentando sobreviver. Sim. Sobreviver. Quantas pessoas você conhece que vão além da sobrevivência e que fazem apenas o suficiente para sobreviver e nada além disso?

Você pode ficar chateado ao ler isso, pois essa perspectiva não corresponde ao ponto de vista dessa realidade. E se não houvesse erro em nada? E se não fosse errado apenas querer sobreviver, tentar suicídio, ou viver?

E se isso se tratar de você perceber o que está criando em sua vida e escolher o que você realmente gostaria?

E se você deixasse de morrer para viver e prosperar?

Tudo é o oposto do que parece ser e nada é o oposto do que parece ser.

O que você está escolhendo? Sobrevivência ou prosperidade?

Capítulo Quinze

Você Realmente Quer Mudar?

Agora vem a parte para os que são realmente corajosos.

Quantas vezes você disse que quer mudar, tentou todos os tipos de técnicas e, depois de um tempo, acabou voltando da mesma maneira e nos mesmos velhos padrões? A questão é: você realmente pediu mudanças ou apenas queria mudanças?

Se você pesquisar em um dicionário anterior a 1920, "querer" significa falta. Então você realmente desejou mudar e realmente escolheu mudar ou queria (falta) mudar?

Eu ouço muitos de meus clientes dizerem que querem mudar e muitos deles não estão dispostos a ter uma mudança real. Mudança real significa algo totalmente diferente, perceber que a maneira antiga de fazer as coisas não funciona e estar disposto a abraçar algo totalmente diferente. A maioria das pessoas quer uma versão diferente da mesma coisa. Não há absolutamente nenhum erro nisso. Isso é o que nos foi ensinado.

Aprendemos que as coisas são do jeito que são; comportamentos, relacionamentos, pessoas, sim, tudo nessa realidade é do jeito que é, e é possível mudar tudo isso até certo ponto, mas não mais do que isso. Nunca aprendemos a pedir mudanças reais e uma realidade diferente.

"Diferente" significa abandonar o que não funciona e abrir-se a novas possibilidades que não existiam antes. Isso é uma escolha. Uma escolha ativa. Algumas pessoas esperam muito tempo para mudar o que não funciona para elas. Elas esperam até se sentirem muito mal, até que seus corpos estejam doendo, até ficarem tão zangadas ou tão tristes que percebem que algo precisa mudar.

Algo tem que mudar. Essa é a exigência com a qual a mudança começa. Você está no comando. Você é o capitão do seu próprio navio. Esperar que as luzes fiquem verdes ou que alguém faça isso por você requer muita espera. Isso realmente funciona para você? Esperar é realmente o seu melhor talento e habilidade? Ou é a hora de você pedir uma possibilidade diferente?

Observe as pessoas que conseguem tudo o que desejam. Elas dizem: "Ah, eu poderia, por favor, ter isso?" Ou elas estão exigindo que o que desejam apareça? Elas estão exigindo isso com o próprio ser e sempre esperando que apareça. O que seria necessário para você escolher ser a energia da demanda e escolher receber?

Sim. Receber é uma parte importante desse jogo. Quanto você recebeu uma lavagem cerebral com as ideias de que mudar leva muito tempo, é muito trabalhoso e que você é alguém que não pode ter tudo o que deseja? Essas são suas ideias ou os pontos de vista das leis imutáveis (não modificáveis) dessa realidade que você alimentou toda a sua vida: as coisas são do jeito que são, tudo se mantém, e a mudança é uma ameaça.

E se não houvesse nada de errado nisso, e se fosse apenas para você reconhecer que essa realidade e a sua realidade são diferentes. O que faz você se sentir mais leve? O fato de que tudo permanece igual, apenas com uma ligeira variação, ou que você pode criar e desfrutar da sua realidade como deseja, onde tudo é mutável?

Não perguntei o que você acha, o que seu cérebro diz. Eu perguntei o que você sabe. O que você sabe é muito mais rápido do que a capacidade do seu cérebro de processar informações. Estou perguntando a respeito do que você sempre soube que era possível, mas nunca se permitiu ser porque havia pessoas ao seu redor que lhe diziam não ser possível. Tirar todos esses pontos de vista do seu caminho – todos os pontos de vista de outras pessoas e dessa realidade sobre como e por que as coisas não são possíveis – permite que você receba pela primeira vez em sua vida. Receber o que é verdadeiramente possível para você.

Peça e receberá. Faça uma pergunta e permita-se receber. Peça ao universo para lhe mostrar do que você é realmente capaz. Peça mais facilidade e alegria em sua vida. Peça que a sua situação financeira mude e pergunte o que se requer para isso. Peça relacionamentos divertidos, sexo. Peça ao seu corpo para mudar e se divertir.

Quando pedimos uma coisa diferente, ela aparece da maneira que aparece e quando aparece. Sempre aparece de uma maneira diferente do que você pensa que será. Se aparecesse da maneira que você acha que deveria, não seria uma possibilidade diferente, seria apenas uma pequena mudança em algo que você já tem em sua vida; seria algo que seu cérebro pode calcular e projetar para o futuro. Seria como visualização, o que significa que nunca pode ser maior do que a capacidade do seu cérebro de imaginar.

Pedir uma possibilidade diferente significa pedir por isso, desapegar-se disso e permitir que todo o universo contribua para você, para que isso apareça ainda mais grandiosamente do que você jamais poderia imaginar. Isso é do seu interesse?

A única coisa requerida é liberar todos os seus pontos de vista sobre como e quando deve aparecer e recebê-lo quando aparecer. Eu digo receba e quero dizer receba. Muitas pessoas julgam o que o universo lhes dá como algo que não é bom o suficiente ou que não é como elas esperavam que fossem. Nenhuma expectativa, nenhum julgamento ou cálculo permite que você receba de verdade.

A próxima parte da receita da mudança é agradecer sempre por tudo que aparecer. Gratidão é estar em total permissão de tudo. Quando você é grato, você não julga. Quando você é grato por uma pessoa, permite que ela seja o que é, sem esperar que ela mude. Quando você é grato pelo que está recebendo e quando é grato pelo que está criando, você está sendo a contribuição para que isso se torne maior. A partir desse espaço de gratidão, de ser grato pelas coisas como são, você pode pedir mais. Pergunte:

O que mais é possível agora?
Como pode melhorar ainda mais?

Capítulo Dezesseis

Surto ou Animação?

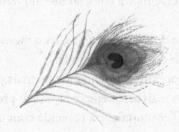

"Ai meu Deus, eu tenho muito que fazer, estou tão estressado que acho que estou tendo um surto." Ouço muitas pessoas falando sobre o quanto têm a fazer e o pouco tempo que têm para fazer tudo o que decidiram que devem fazer, e o quanto isso as está estressando e o quanto se sentem mal. Isso parece familiar?

O que aprendemos é que há certa quantidade de coisas que se pode fazer e, se fizermos mais do que isso, será demais, ficaremos cansados e eventualmente ficaremos doentes. O limite é diferente para cada um.

Onde você definiu seu limite? Quantos projetos você pode gerenciar antes de decidir que é demais?

Isso é real ou é o ponto de vista que as pessoas criam, que lhes diz quando é o suficiente?

Eu mesma posso servir de exemplo. Trabalho como psicóloga clínica em psiquiatria. Faço sessões particulares com pacientes, modero sessões em grupo na clínica, realizo testes neuropsicológicos. Ao mesmo tempo, administro uma empresa em tempo integral, o que inclui viajar e facilitar as classes de um a cinco dias. No momento, eu mesma faço toda a parte administrativa: site, contato com o cliente, organização, reserva, contabilidade e tudo o mais que faz parte de um negócio. Também arranjo tempo para cuidar de mim e do meu corpo, curtindo ao explorar cidades diferentes, dançar, encontrar amigos. Quanto mais eu tenho a fazer, mais relaxada fico. Eu sempre pensei que era o contrário. Eu pensei que, se eu fizesse muita coisa ao mesmo tempo, ficaria cansada ou esgotada.

Nas vezes em que desacelerei e tentei ter o mesmo ritmo das outras pessoas, fiquei muito cansada e frustrada.

Agora, sempre pergunto: "Quem e o que mais posso acrescentar à minha vida?" Quanto mais acrescento e faço mais projetos, mais energia eu tenho. Por quê? Ter muita coisa coincide com a minha vibração e me estimula a ser criativa.

E quanto a você? Você já reconheceu o que realmente funciona para você e seu corpo ou está comprando os pontos de vista de outras pessoas sobre o que é possível e o que não é possível?

Você já teve um projeto que o deixou tão inspirado, que trabalhou nele o dia inteiro e se esqueceu de comer? Você não comeu porque seu corpo não requeria. Seu corpo recebeu a energia requerida a partir da energia que você gerou quando estava trabalhando com algo que era divertido para você. É como ter um motor que roda sem parar. Existe por aí o ponto de vista de que isso é perigoso. Não é perigoso, desde que você ouça a si mesmo e ao seu corpo. Desde que você saiba quando é a hora de continuar trabalhando, quando é a hora de sair para correr ou caminhar na natureza, quando é a hora de dormir e quando é hora de comer.

Seu corpo sabe o que requer e lhe dirá quando você começar a perguntar a ele. O que faz você se sentir leve está certo. Não há nada que você possa fazer de errado neste jogo. Comece escolhendo algo e veja como vai, esteja ciente de si mesmo e, se for leve, continue; caso contrário, escolha outra coisa. Fácil? Muito fácil?

Quem e o que mais você pode acrescentar à sua vida?

Ter um surto baseia-se na ideia de que há falta de energia. Não há falta de energia, existem apenas pontos de vista que não permitem acessar as energias disponíveis. Você sabia que seu corpo possui energia suficiente nas células mitocondriais para operar uma cidade do tamanho de São Francisco por três meses? Isso é a quantidade de energia que você tem disponível em seu corpo. No entanto, você age como se estivesse cansado o tempo todo. Você já acessou toda a sua energia?

Ter cansaço e energia limitada são pontos de vista que criam uma limitação. Que tal perguntar ao seu corpo quando e quanto tempo ele precisa dormir? Pode ser diferente a cada dia, mas aprendemos que sempre precisamos de 6 a 8 horas por noite. E então as pessoas se perguntam por que acordam no meio da noite sem conseguir dormir. Bem, que tal perguntar se o corpo precisa de mais sono? Caso contrário, levante-se, leia, escreva, aproveite a noite e sua quietude. Grandes ideias podem surgir neste momento.

Quando todos estão dormindo, é hora de perguntar:

O que eu gostaria de gerar e criar como meu futuro? O que é verdadeiramente possível para mim que não reconheci?

Enquanto outras pessoas estão dormindo e seus pensamentos estão quietos, é mais fácil acessar o que você sabe que são maiores possibilidades para você e sua vida. Pergunte:

O que mais você gostaria de criar que traria alegria ao seu coração?

Se não houvesse falta nem limites, o que mais você gostaria de acrescentar à sua vida? E se você não tivesse que escolher entre a família e a carreira, entre isso e aquilo? E se você pudesse ter tudo e fazer isso funcionar? E se você não tiver que fazer tudo sozinho? Quem mais você pode acrescentar à sua vida que contribuiria para todas as coisas que você gostaria de criar? E se isso também fosse uma contribuição para essas pessoas? Acrescentar à sua vida aumenta a energia, e ao começar a escolher você criará a conscientização do que funciona e do que não funciona para você.

Que energia, espaço e consciência você e seu corpo podem ser para se assumirem como a fonte criadora que vocês verdadeiramente são?

Tudo o que não permite que isso venha à tona, você vai destruir e descriar? Gratidão.

Certo e errado, bom e mau, POD e POC, todas as nove, curtos, garotos e aléns.

CAPÍTULO DEZESSETE

RELACIONAMENTO—MATANDO-O AOS POUCOS?

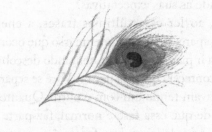

Como os relacionamentos funcionam para você? Se você é uma daquelas pessoas de sorte, que sabe como fazer os relacionamentos funcionarem para você, não é necessário que você leia esta parte. Se você é um dos outros 99% e se pergunta se isso vai funcionar para você, recomendo que continue lendo.

Você sabia que a definição de relacionamento é a distância entre dois objetos?

Duas pessoas se encontram, felizes e inspiradas uma pela outra, ansiosas por algo maior, têm frio na barriga quando pensam uma na outra, ficam felizes quando se reúnem, mas... Bem, você sabe... Quanto tempo geralmente dura até você se perguntar o que aconteceu? Onde está a alegria? Onde está aquela leveza que costumava existir? As discussões começam, ambas as partes lutam para estar certas, para se tornarem erradas e para tornar a outra pessoa errada. Ambos tentam caber na caixa chamada relacionamento. As coisas começam a piorar. Aprendemos que esta é uma fase normal nos relacionamentos que estão começando a ficar sérios.

É engraçado como as pessoas chamam isso de relacionamento "sério". Estamos tendo relacionamentos para se tornarem sérios?

Quando as coisas começam a piorar, este é o ponto em que você torna as coisas sérias e significantes, e tenta chegar a uma conclusão sobre o rumo do relacionamento, procurando descobrir como será o relacionamento e projetar no futuro o que irá acontecer. É este o ponto em que você está tentando descobrir se essa é a pessoa certa para você e se ela corresponde às suas expectativas?

Observe que, ao ler essas últimas frases, a energia da leveza simplesmente desapareceu. É exatamente isso que ocorre quando você começa a pensar, a ir para a sua mente, tentando descobrir e projetar no futuro o que vai acontecer com essa pessoa. Você se separa da alegria que recentemente estavam tendo um com o outro. Quanto você comprou o ponto de vista de que essa fase é normal, faz parte da coisa e que é necessária? Isso é verdadeiro? Isso faz você se sentir mais leve? De quem é esse ponto de vista? Esse é realmente o seu ponto de vista? O que mais é possível?

A primeira pergunta que você pode se fazer para ter mais clareza nessa área é: "Verdade, eu realmente desejo um relacionamento?" Você já se fez essa pergunta? Ou você assumiu que gostaria de ter um relacionamento? Quanto você foi levado ao ponto de vista de que deveria ter um, porque todo mundo tem o mesmo ponto de vista e você está tentando fazer isso funcionar? Você tem a necessidade de ter um relacionamento? Em todos os lugares em que precisamos de alguma coisa, precisamos lutar de alguma forma contra ela ao mesmo tempo em que estamos tentando alcançá-la. Onde está a escolha? O que você realmente gostaria?

O que é um relacionamento para você? Com quem você gostaria de ter um relacionamento, quem realmente seria uma contribuição para sua vida? Como seria esse relacionamento? O que exatamente você espera da outra pessoa? O que exatamente a outra pessoa espera de você? A maioria dos relacionamentos baseia-se em uma loucura em comum. Palavras duras? Bem, olhe à sua volta. Quantos relacionamentos você vê em que as duas partes são realmente felizes; onde as pessoas estão sendo elas mesmas e onde se relacionar contribui para que suas vidas se expandam? Não muitos?

Muitas pessoas eliminam o melhor de si mesmas, exatamente aquilo que atraiu a outra pessoa em primeiro lugar, para se encaixarem na caixa do relacionamento e serem capazes de existir com alguém. Isso é suficiente para você ou você deseja algo mais? E se você pudesse escolher como gostaria de criar seu relacionamento?

Em vez de se afogar na fantasia de que algum dia tudo dará certo e seu parceiro o entenderá, será e fará o que você gostaria, você pode começar hoje uma reforma total no relacionamento. Como? Perguntando a si mesmo: "Então, qual parte desse relacionamento realmente funciona para mim e qual parte não funciona?" Para as partes que não funcionam, pergunte se você pode mudá-las e, em caso afirmativo, como você pode mudá-las.

Quando você renova sua casa, você faz o mesmo – você observa e verifica todas as partes e cômodos de sua casa para ver o que você gostaria de manter ou não, e onde precisa ser atualizado. Agora, ter outra pessoa envolvida além de você significa que ela também deve escolher o que gostaria de mudar ou não. Se você gostaria de mudar alguma coisa e a pessoa não está interessada, cabe a você estar em permissão disso e se perguntar se você pode viver com isso.

Faça perguntas para obter todas as informações e saber exatamente o que você gostaria em um relacionamento, e pergunte à pessoa com quem você se relaciona o que funciona para ela. Então pergunte a si mesmo se a maneira como a outra pessoa gostaria de se relacionar realmente funciona para você. Não espere que a outra pessoa mude ou deseje o mesmo que você. Isso é ser pragmático.

Tenho uma amiga que é casada e, no quarto, o marido dela tem uma enorme almofada aconchegante em que ele gosta de se deitar e nunca a coloca de lado. Ele deixa bem na frente da cama. Muitas vezes, minha amiga já caiu sobre a almofada durante a noite, ao se levantar para ir ao banheiro. Ela pediu mil vezes ao marido que se lembrasse de guardar a almofada antes de irem para a cama e o marido geralmente se esquece. Isso já dura há anos.

Depois de muitos anos, ela aprendeu a não se preocupar mais com isso e sabe que seu marido não guardará a almofada. Ela sabe que isso é algo que ele não vai mudar e ela aceita isso, então fez a pergunta sobre como fazer isso funcionar para ela. Ela percebeu que, em vez de ficar com raiva ou criar o ponto de vista de que seu marido não se importa com ela, ela apenas se lembra de guardar a almofada.

O que é um ótimo relacionamento? Onde você consegue ser você. Um ótimo relacionamento se dá quando ambos os parceiros estão em permissão de si mesmos. Onde vocês não procuram um ao outro para atender às suas necessidades. Onde você deixa a outra pessoa ser e fazer o que ela deseja e onde ela deixa você fazer e ser o que quer que você seja e deseja.

Observe a parte sobre ser e fazer o que você deseja. Você sabe mesmo o que deseja na vida? Ou você está procurando uma resposta na outra pessoa? Como isso está funcionando para você?

Um ótimo relacionamento começa com você. Confiar em você, honrar-se, estar à sua disposição, ser grato por você, ser vulnerável. Vulnerável significa não ter barreiras erguidas para receber, não se defender, ser você. Você pode ter essa sensação quando está deitado na grama, até não mais perceber uma separação entre você e a terra, onde recebe a contribuição que cada molécula deseja ser para você. Sim, todas as moléculas desejam contribuir para você e a única coisa que você precisa fazer é recebê-las.

A maioria das pessoas prefere esperar a pessoa certa aparecer e já decidiu como essa pessoa deve contribuir para ela. Que tal receber do universo inteiro em vez de apenas uma pessoa? Que tal receber contribuição como ela vem sem ter um ponto de vista de como ela aparece? E se para todas as pessoas, não importa o que elas façam ou digam, você pudesse perguntar:

Que presente essa pessoa é para mim que eu não reconheci? Que contribuição essa pessoa, essa situação podem ser para mim e meu corpo?

O que seria possível para você a partir disso?

* * *

Quando é hora de seguir em frente

A esta altura do livro, você está ficando mais ciente de quanto você tem comprado o que é errado em você durante toda a sua vida? Todos os rótulos – depressão, ansiedade, transtorno de personalidade – são maneiras de descrever como você está errado. Estas são conclusões que o convencem de que há algo errado com você e que você não faz parte da "equipe A", do povo "são" (eu sempre me perguntei onde estão essas pessoas. Onde estão as pessoas sãs e normais? Se você encontrar alguma, por favor, me avise. Até o momento só conheci pessoas que estão tentando desesperadamente ser normais e estão fazendo de tudo para se encaixarem).

Você está ciente de quanto você está se controlando para não sair da caixa, para não dançar em um ritmo diferente, o seu ritmo? E quanto você está controlando seu corpo e ser; de quanta vida você está se desconectando? Não é de admirar que as pessoas fiquem deprimidas com a quantidade de energia que estão suprimindo e controlando em seu ser e corpo. Não é de admirar que as pessoas estejam criando dor, sofrimento e tensão nos músculos. Se você passa a vida inteira trabalhando duro para não ser você, e mais duro ainda para se encaixar no que lhe foi entregue como essa realidade, você certamente ficará louco.

Quanto de sua insanidade você está criando como uma tentativa de ser normal?

O quê? Eu sei que não tem sentido lógico. Estou dizendo que insanidade e doença mental não são nem um pouco lógicas. A maioria da dor e sofrimento das pessoas não é cognitiva ou lógica; é criada em algum momento por algum motivo que as pessoas não se lembram. E nem é relevante o porquê de estarem sofrendo. Muitas modalidades procuram a causa como se isso mudasse o problema.

Alguma vez mudou alguma coisa para você descobrir por que você está sofrendo? Procurar o motivo é procurar o que há de errado na sua cabeça, na sua mente. E o que criou o problema em primeiro lugar? Sim, seu pensamento, seus conhecimentos, sua mente. Portanto, tentar descobrir por que você tem um problema é procurar a solução no mesmo local em que o criou. Interessante. É aqui que as pessoas se perdem em suas próprias cabeças.

Se você não pensasse em você além do seu problema, do que você estaria ciente?

Quem criou o problema? Quando você começa a reconhecer que foi você quem criou o problema, você tem a chance de escolher novamente. Não são ótimas notícias? Você criou o problema em primeiro lugar, o que significa que você é quem pode descriá-lo. Portanto, se você não comprasse a ideia de que errou, se não pensasse que é fraco e patético, de qual potência de mudança você estaria ciente?

Do que você realmente é capaz que ainda não reconheceu?

E se você pudesse mudar algo em sua vida? Qualquer coisa? Comece perguntando. Escolha uma área da sua vida e pergunte: "Universo, o que se requer para que isso mude e seja maior e mais fácil do que eu jamais poderia imaginar?" E se o seu trabalho fosse simplesmente pedir e permitir que o universo contribua para você? Fácil? Sim.

Então, quanto de sua insanidade e doença mental você criou para se encaixar nessa realidade? Doença mental e insanidade são criações, não são reais. Isso significa que você não se encaixa na norma e significa que não se encaixar na norma é errado. Então, para se encaixar um pouco, você se cria mentalmente insano. Então, quem você verdadeiramente é que nunca reconheceu?

E se, em vez de viver no passado e ficar triste com a forma como foi tratado, você pudesse tratar-se como deveria ter sido tratado? E se você fosse o seu parceiro dos sonhos, como se trataria? E se você fosse seu melhor amante, o que escolheria?

Capítulo dezoito

Felicidade É Apenas Uma Escolha

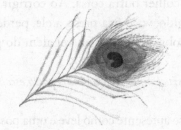

O título deste capítulo pode ser provocador se você estiver convencido de que a felicidade está disponível apenas para algumas pessoas muito privilegiadas neste planeta e que você não é um dos VIPs sortudos. Você decidiu que a felicidade não é uma escolha que você tem? Quantas razões e justificativas você tem para se convencer de que a felicidade não é possível para você? "Minha infância, meus pais, meu corpo, minha situação financeira, isso e aquilo..." O que você decidiu que o impede de ser feliz?

E se a felicidade for uma *escolha* que você tem disponível? E se você puder exigir de si mesmo:

Não importa o meu passado, não importa o que decidi que sou, vou me desapegar disso agora e abrir as portas para ter mais de mim, para a felicidade que sou de verdade.

Sempre que surgir algo em sua vida que não seja leve, escolha novamente. Sim. Basta escolher novamente e redirecionar. Coloque "felicidade" no seu GPS pessoal e pegue a próxima estrada para chegar lá.

Aprendemos a resolver problemas, a lidar com eles e a solucioná-los. Que tal fazer uma pergunta como "Posso mudar isso?" Se receber um não como resposta, redirecione e pegue outra estrada, escolha outra coisa que seja mais leve. Por que consertar o que não é possível consertar? Basta escolher outra coisa. Ao corrigir um problema que não pode ser corrigido, você fica preso a ele, perde-se e desliga toda a conscientização sobre o que é possível além do problema. Em vez disso, pergunte:

O que mais é possível aqui? O que mais posso escolher que me manterá seguindo adiante?

O que quer que se apresente como leve e uma possibilidade diferente que corresponda à energia do que você prefere, escolha isso. Sim, isso é vergonhosamente fácil. Quanto de sua vida você passou resolvendo seus problemas e os problemas dos outros? E qual foi o efeito disso? Isso criou o que você desejava ou o levou mais fundo na toca do coelho? Quantas vezes você repetiu esta rotina? Está na hora de uma nova rotina? Por que continuar com o que não funciona em vez de tentar algo completamente diferente, mesmo que a maioria das pessoas pense que isso é louco e errado? Faça o que for melhor para você.

Examine sua vida e observe todas as vezes em que você escolheu algo que era certo para você, mesmo que as pessoas ao seu redor tivessem o ponto de vista de que era totalmente louco e errado. Essa escolha tornou sua vida maior e melhor ou menor e pior?

Escolher o que é certo para você, o que lhe deixa leve e o que traz leveza ao seu universo expandirá sua vida à medida que corresponder à vibração de quem você realmente é como um ser. Isso corresponde ao que você gostaria de criar. Você é consciência encarnada. A vibração que você é de verdade é leve, alegre e pacífica. Todo o resto são as limitações que você tornou reais. Real é apenas o que você torna real e com o que concorda e se alinha ou a que você resiste e reage.

Ser feliz é uma escolha que você tem disponível o tempo todo.

Você já reparou que todas as vezes que você tem um problema é porque você não reconhece sua potência para mudar o que está acontecendo? Você se torna menos potente do que realmente é e concorda com o fato de ter um problema e de não poder mudar isso? Fazer uma pergunta mudará isso imediatamente.

Que outras escolhas e possibilidades estão disponíveis para você? Essa pergunta por si só abre uma nova porta onde você pensou que não havia porta. Dá a você uma percepção de algo diferente. Não se trata de obter uma imagem e uma palavra ou frase do que essa outra coisa é. Isso lhe dá a sensação de que há algo mais. Uma conscientização acerca de uma energia que provavelmente vai além de palavras. A única coisa que você precisa fazer é escolher o que combina com essa energia para criar algo diferente em sua vida.

Faça isso. Quanto mais você fizer, mais fácil se tornará para você. Não há nada que você possa fazer de errado.

As pessoas geralmente têm uma área de suas vidas em que se veem presas: finanças, relacionamento, corpo, negócios. Qual é a área da sua vida em que você decidiu que tem um problema que não pode mudar? Quando você decide que tem um problema, procura as evidências que sustentam o fato de que você tem um problema. Você procura justificativas para tornar seu problema real e sólido. É como cimentar o que você decidiu ser o seu problema e, em seguida, adicionar tijolos toda vez que você concorda com o ponto de vista de que tem um problema.

Se você decidir que tem problemas com dinheiro, toda vez que olha para sua conta bancária, diz: "Ai meu Deus, tenho tão pouco dinheiro que não poderei pagar minhas contas". Se você decidir que tem problemas com seu parceiro, você dirá: "Veja, ele não tirou o lixo novamente, ele realmente não se importa comigo." Se você decidir que tem problemas com seu corpo, vai procurar o que há de errado com seu corpo. Esses são todos os lugares em que você não faz perguntas e decide que há um problema e depois se convence de que é realmente um problema que não é mutável.

As áreas que as pessoas chamam de problemáticas são exatamente aquelas em que elas não fazem perguntas. Então, em quais áreas da sua vida você não faz perguntas e já decidiu que tudo é inútil? E se você começasse a fazer perguntas sobre tudo o que não é leve e do jeito que você deseja que seja?

Faça quatro perguntas:

O que é isso?

O que eu faço com isso?

Posso mudar isso?

Como posso mudar isso?

Essas quatro perguntas podem mudar qualquer situação. Não se trata de encontrar a resposta para essas perguntas. Trata-se de abrir-se para mais conscientização, para que você possa ter uma perspectiva diferente sobre a situação em que está. Em vez de chegar a uma conclusão como: "Estou tão estagnado, estou tão mal, me sinto tão triste", pergunte o que é isso, se você pode mudar isso e como pode mudar isso.

Depois de perguntar se você pode mudar isso, às vezes você recebe um não. Isso permite que você tenha mais paz e relaxe; sabendo que você pode simplesmente deixar as coisas como estão e pode parar de trabalhar tanto para tentar mudar o que não pode ser mudado no momento.

Quando trabalho com clientes, uso essas quatro perguntas o tempo todo. Os clientes me contam seus problemas e, na minha cabeça, pergunto: "O que é isso? O que fazemos com isso? Podemos mudar isso? Como podemos mudar isso?" Depois de cada pergunta, aguardo pela conscientização. A conscientização não é uma resposta; é uma energia, como uma porta que se abre, que me permite saber aonde ir depois.

E se a vida não fosse lidar com problemas e tolerar o sofrimento, mas gostar de viver e gostar de ser você? Quanto mais você poderia gerar e criar se fosse a alegria de ser você? Quanto mais facilidade você teria?

Você está disposto a ter isso? Você está disposto a dizer adeus ao antigo paradigma de solucionador de problemas e tolerância à porcaria e ser o exterminador da porcaria? (Eu simplesmente não pude resistir a esse jogo de palavras!) E se você acrescentasse uma nova rotina – para aproveitar sua vida e escolher qual é a rotina leve?

Tudo bem ser feliz. Você pode apenas se sentar lá e se balançar.

Capítulo dezenove

A Maioria Comanda Mesmo?

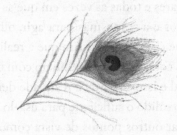

Vejamos um conceito que é uma grande parte dessa realidade: a maioria comanda. Isso significa que, em um grupo, a maioria tem o poder de tomar decisões por todos. Vamos revisitar o segmento de diagnósticos, que é uma grande parte do sistema de saúde. O médico é obrigado a diagnosticar todos os pacientes que vêm para uma consulta. Seus sintomas são categorizados em caixas com nomes, os chamados diagnósticos.

Em que se baseiam essas caixas, esses diagnósticos? Todo o sistema de categorização é baseado na ideia de que a maioria dita as regras. A maneira como a maioria da população vive, se comporta, pensa e sente é considerada normal. Esta é a chamada norma à qual o resto é comparado.

A comparação é baseada no julgamento. Você olha para uma pessoa e julga se ela se encaixa na norma ou não. Então chega-se a uma conclusão. Essa é uma equação que faz parte da vida da maioria das pessoas o tempo todo. Você entra em um café e procura um lugar onde gostaria de se sentar com base nas informações que obtém sobre as pessoas sentadas no café, como elas se parecem, como agem, se estão sozinhas ou não, e você forma julgamentos e conclusões sobre o que você está ciente e se as pessoas se enquadram na norma ou não. Ninguém quer sentar ao lado de alguém que parece estranho – ou seja, que não se encaixa na norma.

Em todos os lugares e todas as vezes em que as pessoas interagem, elas julgam os outros e a si mesmas para agir, olhar, pensar e sentir de acordo com o que é normal. É assim que a realidade é criada. Pelo menos duas pessoas concordam e se alinham com um ponto de vista e criam isso como real e isso se torna a realidade delas. Elas criam esse ponto de vista como sólido o suficiente para usá-lo como um ponto de referência para julgar outros pontos de vista como certos ou errados. Quanto mais sólido for, mais pessoas reais o veem. E isso torna-se "a coisa". Seja o que for "a coisa", ela se torna mais real do que qualquer outra coisa. Torna-se a diretriz, o padrão. Qualquer outra coisa que não se enquadre no padrão não pode sequer chegar à conscientização das pessoas, pois é muito diferente. Fica lá como um elefante enorme. Esta é a criação de limitação.

Ao procurar um lugar para se sentar na cafeteria, você se concentrará nas pessoas que atendem ao padrão, as normais. E se houver pessoas que não se encaixam na norma, mas sentar-se ao lado delas e conversar com elas poderia inspirá-lo ou mudaria o seu mundo?

Muitas pessoas que procuram um parceiro geralmente procuram a mesma pessoa com quem estiveram antes, apenas em um corpo diferente, porque essas pessoas se encaixam em seus padrões. Isso é familiar. Elas criam os mesmos problemas repetidamente enquanto tentam manter o tipo de vida que consideram ser normal.

O que você julgou como normal que mantém suas limitações?

Tudo o que isso é, você vai destruir e descriar? Gratidão. Certo e errado, bom e mau, POD e POC, todas as nove, curtos, garotos e aléns.

E se você pudesse ser a pergunta que lhe permite perceber possibilidades maiores o tempo todo?

Reparou como essa última pergunta foi bem mais leve do que a primeira parte deste capítulo? Mais uma vez, o que deixa você leve está certo. Fácil. E se você pudesse fazer uma pergunta toda vez em que você ou outra pessoa lhe apresentasse a "coisa" deles e isso fizesse você se sentir muito pesado? Pergunte: "Qual é a mentira aqui, dita ou não dita?" Assim que você localiza a mentira, ela não gruda mais em você e você fica livre. Você não pensa mais sobre isso.

A maioria dita as regras. Pesado ou leve? E se as regras da maioria fossem apenas um ponto de vista interessante? Nem certo nem errado, nada para reagir, resistir, concordar ou se alinhar, apenas um ponto de vista interessante.

Eu estava em uma loja outro dia para comprar *lingerie* e peguei uma peça do tamanho que costumo usar. Eu olhei para ela e pensei: "Hum, isso está meio grande para ser o meu tamanho, o que está acontecendo aqui?" O vendedor olhou para mim e respondeu à minha pergunta não-verbal: "Esse não é o seu tamanho, senhora. Escolha a menor, apenas trocamos a nossa numeração para atender aos padrões europeus, o que significa que todas as mulheres agora vestem uma numeração abaixo."

Quanto isso é engraçado? Todo o padrão e tamanho da roupa mudou porque a maioria das pessoas se tornou maior e agora temos um novo padrão. Eu costumava ser tamanho médio e agora não sou mais média; agora sou menor que a média. Isso não é engraçado? E até inteligente. Tantas pessoas se sentem ainda melhor consigo mesmas se diminuírem um número sem ter que fazer nada para isso. Claro que é uma ótima maneira de levar as pessoas a comprarem mais.

Tudo isso é apenas um ponto de vista interessante e não é real. Tudo pode mudar.

O que é normal e o que não é normal nessa realidade é baseado na distribuição normal que é ditada pela maioria. Na curva de sino, 68% estão no meio e são considerados normais e médios, e o restante está abaixo ou acima. O que as pessoas fazem é tentar encontrar o lugar delas nessa realidade em relação ao local em que a maioria está funcionando. Algumas pessoas se colocam no meio onde a maioria está e algumas optam por serem maiores e outras por serem menores. Sim, existe uma escolha.

Onde você está se posicionando no esquema desta realidade? Você está se posicionando onde a maioria está, ou você está se subestimando ou superestimando?

Olhe para as diferentes áreas da sua vida e onde você se coloca nessas áreas. Talvez você se permita ser maior que a maioria das pessoas na área de relacionamento e menor que a maioria na área de dinheiro. Ou o contrário.

Convido você a se conscientizar de que as pessoas computam e calculam constantemente o que é normal ter e ser. Quanto dinheiro é normal e mediano para se ter; quanto sucesso nos negócios é normal ter, quantos filhos, e assim por diante; e então calculam onde gostariam de estar em relação aos ideais dessa realidade. Quanta escolha isso permite? Não muita. Você já se perguntou o que gostaria de ser e criar como sua vida que pode não se encaixar nos ideais dessa realidade?

O que o deixa feliz que pode não ser normal?

Se você passa a vida tentando se adaptar e ser normal, nunca saberá o que o faz feliz. E se você e sua realidade estivessem muito além da maximização dessa realidade? Muito acima do normal. Quanta escolha e acesso à sua grandeza você teria então?

Encontre seu lugar na realidade com a doença mental

A doença mental é uma maneira de se colocar abaixo da média na curva de sino, mas ainda dentro da curva da normalidade. A doença mental é uma maneira de se encaixar, uma maneira de encontrar um lugar nessa realidade. Isso cria um universo conflitual em que se gosta de ser diferente, mas não se está disposto a ser muito diferente, e cria uma resistência contra ser muito diferente e uma razão e justificativa para ainda se encaixar.

A resistência de ser totalmente diferente e forçar-se a se encaixar cria muito sofrimento, além de dor psicológica e fisiológica. Pessoas com doenças mentais têm uma maneira de defender essa realidade e uma maneira de defender o que as pessoas pensam que elas são.

Por exemplo, TDAH, TOC, autismo e bipolaridade são formas de se afastar o máximo possível do local em que a maioria das pessoas funciona sem se tornar totalmente louco. Essas são as escolhas que as pessoas fazem para dar a impressão de que são deficientes. De fato, reconhecer e receber suas capacidades lhes permitiria ir além da escala e ser e receber a grandeza que elas realmente são.

Para tornar a doença mental real, quanto de sua conscientização você precisa cortar para concordar e se alinhar com esse ponto de vista? Interessante que as pessoas pensem que, porque muitas pessoas se comportam de certa maneira, isso é certo. Quanta energia você usa diariamente para tornar isso uma realidade para você?

Obtenha essa energia agora mesmo. Conecte-se ao seu corpo respirando fundo, entrando pelo topo da cabeça e saindo pelos pés, e obtenha a energia que você trava no corpo para torná-lo normal. Agora pergunte:

Que energia, espaço e consciência eu e meu corpo podemos ser para usar essa energia para ser eu mesmo e criar a minha vida?

Agora que você fez essa pergunta, perceba a energia. É diferente? Não existe um caminho certo para você sentir isso. Apenas permita que ela mude seu mundo. Talvez você tenha que desistir de controlar sua vida e a si mesmo. Abandonando o controle, o que seu corpo diz sobre isso? Você o ouve aplaudindo?

E se ficar fora de controle for a maneira de ganhar controle total? Estar fora de controle significa estar totalmente consciente e receber todas as informações o tempo todo. Isso permite que você saiba qual o passo a seguir e quando criar sua realidade, já que não tenta mais descobrir com o seu cérebro o que é certo, errado, bom e mau. Pergunte:

O que se requer para que eu seja totalmente fora de controle, forma, estrutura e significância?

Este é o lugar em que você pode ser tudo e se criar de uma forma nova e diferente o tempo todo. Total escolha. Divertido?

Que aventuras grandiosas e gloriosas estão esperando por você?

Capítulo vinte

"Fobia Espacial"—Você Evita Espaço?

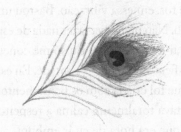

Eu me diverti outro dia, como acontece todos os dias. Eu estava no meu apartamento e não tinha nada específico planejado, e ao me sentar ali, percebi que realmente não tinha que ir a lugar algum. Não havia necessidade no meu mundo de fazer nada ou me encontrar com alguém. Não havia necessidade de comida deliciosa. Nem mesmo a necessidade de preencher o espaço com pensamentos. Apenas espaço e nenhuma necessidade.

A conscientização que surgiu para mim foi: "Uau, que espaço é esse que a maioria das pessoas evita? O espaço que as pessoas preenchem com pensamentos, sentimentos, sexo, relacionamento ou algo para fazer?" Esse espaço é desconfortável demais para a maioria das pessoas, já que não há necessidade; nenhum padrão ou ponto de referência lhe dizendo aonde ir e o que fazer. O espaço da escolha total. O espaço em que você cria o que você realmente gostaria.

Só por diversão, eu inventei o nome de "fobia espacial". O espaço que a maioria das pessoas evita de todas as maneiras possíveis em um grau que chegam a ter fobia de ser este espaço.

Outro dia, eu estava em um festival de cavalos e estava tão cheio que eu podia sentir a irritação de todos com tantas pessoas em um só lugar. Eu sabia que tinha a opção de me afogar nessa irritação e me irritar, ou de ser o espaço onde a irritação não me afetaria. Eu escolhi expandir minha energia o máximo possível para além do festival, conectar-me aos cavalos e à natureza, à terra, às árvores e ao oceano, e pedi a mim e ao meu corpo que fossem essa vibração. Bastou uma escolha e pedir para ser essa vibração. Não precisava fazer nada de especial nem realizar um ritual para chegar a esse espaço. Eu só me conectei.

Tudo começou a ficar tranquilo e à vontade. Eu estava simplesmente ciente da vibração que foi criada com os pensamentos dos outros e seus pontos de vista e estava totalmente calma a respeito isso. E depois de um tempo eu sabia que era hora de eu ir embora.

O interessante foi que eu percebi que o corpo de muitas pessoas queria ir a outro lugar, só que elas não ouviam isso. Elas decidiram que tinham que permanecer no festival pelo tempo que tivessem decidido que estava certo. Todas essas pessoas, com seus pensamentos e sentimentos, criaram uma solidez que chamam de realidade com a qual ficam confortáveis, como lhes é familiar. Elas preferem ficar no lugar da familiaridade e ficar irritadas do que ouvir seus corpos dizerem a elas o que mais seria possível para ter mais facilidade. Embora o corpo delas estivesse gritando e pedindo para ir a outro lugar, elas não conseguiam ouvir isso, por causa de tudo o que já haviam decidido.

Este é um exemplo de onde as pessoas fazem tudo o que podem

para não ser o espaço que realmente são. Elas têm o vício de preencher o espaço em que estão com a polaridade de pensamentos, sentimentos e coisas a fazer, pessoas a conhecer, relacionamentos a criar e negócios a fazer.

Outro exemplo é o drama e o trauma que as pessoas criam que deixam as novelas sem graça quando comparadas a isso. Onde as pessoas brigam ou se tornam vítimas para criar o drama que gera entretenimento suficiente para não ficar entediado.

Eu tenho um amigo que é um ser brilhante, atencioso e potente e, assim que ele começou a ser o espaço que ele realmente é, e toda vez que estava prestes a criar uma vida fenomenal, ele optou por iniciar um relacionamento com uma mulher que o trouxe de volta ao local em que estava antes, ou ele permitiu que sua ex-esposa o torturasse e o tornasse errado por ter sucesso. Ele não criou seus relacionamentos para expandir e contribuir para ser o brilho que ele é. Não, ele escolheu fazer da mulher a resposta e um ponto de referência para não perder o contato com essa realidade, ser controlado e garantir que ele não estivesse sozinho.

Um ser infinito pode ficar sozinho? Essa mentira é o que leva tantas pessoas a entrarem em relacionamentos que não funcionam para elas. Elas preferem ter um relacionamento ruim a não ter nenhum. O que dizer?

O que você está usando para manter-se ancorado nesta realidade e ao que é real e normal? Quem e o que você está usando para se controlar, para que você nunca se mostre como o esplendor que você é? Quem ou o que é seu eterno carcereiro, mantendo-o prisioneiro por toda a eternidade?

Agora é a hora de destruir e descriar tudo o que você criou para manter isso? Apenas diga "sim" a si mesmo se escolher mudar. Isso é tudo que se requer.

O que é possível além disso? O espaço além de pensamentos, sentimentos, emoções, pontos de vista, conclusões, projeções, expectativas, julgamentos, rejeições e separações. Estas são todas as coisas que você usa para se sentir como os outros. Ser espaço não tem valor nessa realidade, pois não é cognitivo e você não pode descrevê-lo. O espaço que você realmente é e já é está onde você pode ser você, como o oceano, o sol, a terra e os animais. O espaço em que você é a pergunta, a escolha, a possibilidade, a contribuição e onde você começa a se criar. Onde você pode criar sua vida, seus negócios, suas amizades, seu dinheiro, da maneira que você realmente deseja.

Como?

Pedindo por isso e então permitindo que isso apareça quando aparecer e da maneira que aparecer. "O que se requer para que eu tenha mais dinheiro do que eu posso gastar?" E receba a informação sobre o que se requer para você criar isso. Não se apresse. Não conclua que não apareceu só porque não surgiu ontem. Faça esta pergunta para qualquer coisa que você queira criar:

O que se requer para que... apareça?

Ser o espaço de você é onde você não mais torna nenhum ponto de vista ou julgamento real ou significativo. Você recebe tudo e não julga nada. Você não é o efeito de nada, pois permite que tudo chegue até você com facilidade, alegria e glória, e permite que tudo contribua para você, seu corpo e sua vida. Sendo esse espaço, você é o catalisador de um mundo totalmente diferente. Por estar em total permissão, as pessoas ao seu redor não conseguem se apegar a seus pontos de vista fixos, que acabam se derretendo na sua presença. Tudo o que é uma invenção como pensamentos, sentimentos e emoções, julgamentos e pontos de vista se dissipam em sua presença. E isso convida as pessoas ao seu redor a escolher.

Tudo na vida vem a mim com facilidade, alegria e glória!

Esse é um mantra que você pode usar para receber tudo na vida com facilidade, e alegria, e glória, o bom e o mau. Diga isso 10 vezes pela manhã e 10 vezes à noite e a facilidade virá para você!

CUIDADO COM OS TAIS ESPECIALISTAS

Existem muitos especialistas nesta realidade. Especialistas são pessoas que têm o papel de ter as respostas. Geralmente, os especialistas têm credenciais, acadêmicas ou não. Médicos, terapeutas, psicólogos, assistentes sociais e consultores são alguns dos especialistas nessa realidade.

Um especialista raramente é questionado. As pessoas afirmam ser especialistas em todos os tipos de áreas. Elas são especialistas porque dizem que são, não porque sabem mais. Muitos especialistas, principalmente se eles se autointitulam especialistas, dizem a seus clientes como o que eles estão fazendo até agora não está funcionando e que eles, como especialistas, têm a resposta e a solução.

Procurar especialistas para obter respostas é como você torna os pontos de vista de outras pessoas mais valiosos do que aquilo que você sabe. Você para de se ouvir para favorecer o ponto de vista do especialista. Você se julga a respeito de estar fazendo a coisa certa ou errada. É aqui que você tenta descobrir o que deve fazer para estar certo e evitar erros. Isso cria alguma liberdade para você? Isso cria o que realmente funciona para você?

***

Em uma de minhas viagens, conversei com um médico que atende muitos pacientes que fumam excessivamente e cujos pulmões estão gravemente prejudicados. Ele estava convencido de que a maioria deixaria de fumar se pudesse.

Ouvir isso faz você se sentir leve ou pesado? Isso é uma conscientização ou uma resposta? Esse ponto de vista se abre para maiores possibilidades ou não? Quanto o médico acredita nas mentiras sobre seus pacientes desejarem parar de fumar só porque dizem isso? E quanto você acha que ele encontra evidências diariamente de que seu ponto de vista está correto? Todo paciente que diz que gostaria de parar de fumar, mas não consegue, está fortalecendo seu ponto de vista, convencendo-o de que as pessoas têm dificuldade em parar de fumar. Ao comprar esses pontos de vista, ele está alimentando as respostas de seus pacientes, convencendo-os de seu próprio ponto de vista. Isso não tem nada a ver com empoderamento.

Não estou dizendo que este médico está errado. Estou convidando você a ver que isso é algo que acontece o tempo todo nesta realidade.

As pessoas se retroalimentam com mentiras, indo cada vez mais fundo na toca do coelho do sofrimento delas sem fazer uma pergunta. E se você pudesse usar perguntas para empoderar a si mesmo e aos outros? E quanto a ser honesto e realmente se perguntar:

Verdade, eu realmente gostaria de mudar isso, eu realmente gostaria de ter uma possibilidade diferente do sofrimento que estou escolhendo?

Se você receber um "não", ótimo. Então você sabe qual é o seu ponto de vista naquele momento. Você sabe que não deseja realmente mudar nada e pode parar de tentar mudar algo quando não está interessado em nenhuma mudança. É como se a sua mão direita lutasse contra a sua mão esquerda e tudo o que você recebe é mais dor. Não há nada de ruim ou errado em não querer mudar. É apenas uma escolha. Quando você percebe que não está interessado em mudar, abre a porta para ainda mais opções. Você pode se perguntar:

Não querer mudar funciona para mim? Qual é o valor de me apegar à minha dor e sofrimento?

O que quer que venha à tona, você não precisa ser capaz de descrever com palavras. Apenas pergunte-se: "O que quer que venha à tona ao fazer estas perguntas, eu vou destruir e descriar tudo isso? Se isso for um "sim" para você, use o enunciado aclarador para dissipar a limitação.

Certo e errado, bom e mau, POD e POC, todas as nove, curtos, garotos e aléns.

Eu recomendo fazer isso muitas vezes já que cada repetição limpa mais uma camada de limitações.

Os motivos pelos quais as pessoas não desejam mudar não fazem sentido, já que há muito sofrimento envolvido. Se eles fossem lógicos e compreensíveis não existiria problemas neste mundo. Teríamos descoberto as soluções há muito tempo.

Muitas pessoas esperam muito tempo e sofrem muito antes de escolherem algo diferente. Não há nada errado nisso. Às vezes a autotortura tem que machucar o bastante para que a pessoa exija algo diferente. "Não, eu não desejo mudar" pode facilmente se tornar um: "Sim, escolho mudar." O que se requer em primeiro lugar é que você se torne consciente do "não" antes de poder obter o "sim". Assim que você escolhe o "sim", mudar fica muito mais fácil do que você pensa.

Noventa por cento do que se requer para mudar para algo mais grandioso é a escolha de exigir: "Sim, vou mudar isso agora, não importa o que se requeira." Não espere que as coisas sejam diferentes no próximo segundo. Dê um tempo para isso. Ao exigir de si mesmo algo mais grandioso você já abriu a porta, e o resto virá. Se levar mais tempo do que você gostaria, não desista, não chegue a uma conclusão de que isso não funciona. Quando você chega a uma conclusão de que isso não funciona, você interrompe o que acabou de começar a criar. Continue pedindo algo mais grandioso e escolha o que torna a sua vida mais fácil. Você tem tudo o que se requer para criar o que verdadeiramente deseja. Nada e nem ninguém pode pará-lo, a menos que você permita.

Tudo é o oposto do que parece ser e nada é o oposto do que parece ser

O exemplo do médico é a maneira como os especialistas podem usar seu papel para dar às pessoas a resposta que eles acham ser a correta, sem estarem dispostos a ver o que está acontecendo ou fazer perguntas que criam algo diferente. Empoderar pessoas, independentemente de você ter o papel de especialista ou não, é muito mais fácil do que você imagina. Você pode ser burro como uma porta para capacitar as pessoas a serem quem elas realmente são.

Tudo é o oposto do que parece ser e nada é o oposto do que parece ser. Burro ou brilhante?

Empoderar as pessoas é fácil e divertido. Como assim? Você não tem que ter nenhuma resposta, você faz as perguntas às pessoas para facilitá-las a encontrar o que é verdadeiro para elas. Como um especialista você tem as respostas prontas e essas respostas são mais importantes do que qualquer outra coisa. Quando vai ao médico você se pergunta ou pergunta ao seu corpo o que ele requer ou você confia que o médico terá a resposta certa para você?

Como o médico pode saber mais? Ele pode ter mais informações do que você sobre o assunto, mas isso não significa que ele sabe mais. Você poderia receber a informação do especialista e perguntar a si mesmo e ao seu corpo: "Verdade, o que eu sei sobre isso? O que funcionaria para mim? O que torna a minha vida mais fácil? Corpo, o que você requer?"

Você sabe. Quanto mais você se perguntar, mais fácil será para você saber. É como desenvolver um músculo. Cada vez que você confia em algo ou alguém, você entrega o seu poder e se torna o efeito do ponto de vista de alguém. Este é um grande desserviço para você e para o mundo. O que você sabe é um presente para o mundo.

Há muitos especialistas que estão convencidos de que as pessoas não sabem. Eles têm o ponto de vista que as pessoas estão muito mal para saber, que elas estão muito doentes para saber, que elas são muito incapazes de saber. Nada e nem ninguém jamais pode tirar de você o seu saber. Isso é quem você é. Nenhuma doença, nenhuma pessoa, nada! O que você sabe e o que você é pode ficar encoberto e difícil de acessar quando há uma doença, uso de drogas ou uma fachada de "doente mental." Você pode escolher ser quem você é e saber o que você sabe.

Como um especialista você pode escolher tornar sua educação um produto valioso, ou você pode usar seu papel para empoderar as pessoas a saberem que elas sabem.

Sendo inútil

Terapeutas sempre me perguntam que abordagem uso nas sessões com meus clientes. Minha abordagem, antes de iniciar uma sessão é: "Como posso ser inútil aqui?"

Para muitos especialistas, isso é motivo de risada ou queixo caído. "O que você quer dizer com 'inútil'? Você começa sendo útil e depois passa a ser inútil? Como funciona isso?"

Eu começo sendo inútil e continuo sendo inútil.

Ser útil é o que aprendemos como especialistas; devemos supostamente resolver e lidar com o problema, ter a resposta certa, a solução e fazer o que é certo e o que salva o cliente. Quanto isso pode dar certo? Os especialistas assumem muitas responsabilidades. Quanto é divertido ter esse tipo de responsabilidade sobre você? Sim, divertido. Por que você está fazendo o seu trabalho? Para sofrer ou para se divertir? Eu sei que a diversão não é permitida em áreas sérias de especialistas.

É assim que acontece comigo. Eu quebro as regras sérias. E quanto a você?

Ser responsável pelo resultado do seu trabalho quando ele envolve outra pessoa coloca muita pressão sobre o especialista. Não é a escolha mais inteligente. Se você está ficando irritado agora com esta conversa, você pode observar isso por si mesmo.

O que você está resistindo ser e escolher que, se você fosse ou escolhesse, isso expandiria a sua prática e a sua vida além do que você imaginou ser possível?

Que liberdade você pode se dar que expandiria sua vida inteira? Se você se torna responsável pelo que outra pessoa escolhe, ou se está envolvido no resultado de que o cliente tem que melhorar, você pode reparar que o seu trabalho fica um pouco difícil. E a pergunta é: "Isso está empoderando a outra pessoa?" Você está dando a ela o espaço para escolher por si mesma?

Eu costumava achar que eu tinha que consertar todo mundo, fazer essas pessoas felizes, e que o objetivo de minhas sessões era tornar as pessoas mais sãs e fazê-las superarem os problemas delas. Eu ficava cansada e sem energia ao fim do dia de trabalho e dormia na maior parte do tempo aos finais de semana. Eu sabia que isso tinha que mudar.

Comecei a perceber que não é minha responsabilidade se as pessoas escolhem mudar ou não. Posso dar a elas as ferramentas, as informações e os processos para que elas saibam que têm escolha. O que elas escolhem depende delas. Esse é o maior cuidado e empoderamento – permitir que as pessoas escolham o que precisam escolher sem ter um ponto de vista. Não sou a salvadora ou não preciso pensar que devo ajudá-las. Posso empoderá-las para que elas saibam que têm escolha.

Ser inútil quando encontro clientes cria o espaço onde as pessoas podem explorar onde estão e o que gostariam de escolher. É onde não encontro respostas ou pontos de vista para onde a sessão deve se encaminhar, o que devemos abordar ou qual deve ser o resultado. Isso me poupa de ter que ter as respostas e provar que estou sendo útil, o que gera um relaxamento em mim e no cliente.

Você já teve uma sessão com um especialista que tentou desesperadamente dar as respostas, fazer você mudar, convencê-lo de que o método dele o salvaria? Como foi isso? Sei que fui uma especialista assim toda vez que achava que sabia mais do que o meu cliente e sei como isso diminuía a mim e o cliente. Não levava a lugar algum e o resultado foi que me sentia um fracasso, e provavelmente o cliente também.

A maioria dos terapeutas está envolvida com o resultado sobre o que o cliente deve obter da sessão e que sua vida deve mudar. E se ficar a critério do cliente mudar ou não? Deixar de se envolver com o resultado cria mais facilidade para o terapeuta e para o cliente. Os clientes sabem quando os terapeutas querem que eles mudem e como. Eles têm um sexto sentido e isso os faz trabalhar mais do que precisam para ser o que o terapeuta deseja que eles sejam, em vez de permitir o que seja fácil. Ou o cliente resiste e reage ao terapeuta e interrompe a mudança possível.

E se um terapeuta simplesmente fornecesse as ferramentas e o cliente escolhesse se, como e quando aplicá-las?

Ser inútil permite que eu e meu corpo relaxemos e façamos as perguntas que despertam a conscientização do cliente. É não ter um ponto de vista sobre nada, gostar de facilitar sem qualquer envolvimento com o resultado, ser o espaço para as possibilidades aparecerem e permitir que o cliente e eu nos surpreendamos com o que é realmente possível além da invenção da limitação. Isso cria leveza e facilidade, pois ambos estamos no modo de exploração. Muitas fichas começam a cair e o cliente aprende a confiar em seus conhecimentos e a não confiar em mim.

Sexualness

De que maneira *sexualness* entra nesta conversa? *Sexualness* é uma grande parte de ser, criar e facilitar mudança.

Sexualness é a energia curativa, nutritiva, expansiva, orgásmica e alegre que move nossos corpos. É o nosso jeito natural de ser. As crianças têm muita familiaridade com essa energia. Elas são seres muito sexuais. Elas vêm gostando de si mesmas e de seus corpos, sempre em busca do que e com quem possam brincar. Elas são cheias de energia e, quando se cansam, caem em qualquer lugar e dormem. O que quer que elas escolham para brincar contribui para mais brincadeira e mais energia.

Você decidiu que não pode mais ser isso já que agora você é um adulto?

Isso é verdadeiro? Ou você pode ser isso e expressar isso de uma maneira que funciona para você?

Ser sexual é onde você convida a mudança e as diferentes possibilidades para a sua vida. Você já forçou a barra para que algo acontecesse? Você sabe como é isso. Forçar-se a escrever uma redação, obrigar-se a criar mais dinheiro para pagar as contas, forçar seu parceiro a conversar sobre algo que você decidiu que é importante... Você sabe do que estou falando. Isso requer muita energia e geralmente é muito frustrante.

Como seria convidar a *sexualness* para a festa?

Se você tratasse tudo e todos como seu amante, você os convidaria?

E eles virão. Tratar tudo e todos como seu amante também envolve gratidão quando eles vêm, então eles se sentem convidados e motivados a comparecer em convites futuros. E se você tratasse seu dinheiro como seu amante? Obtenha essa energia. E se você tratasse seu corpo como seu amante? Quanta diversão a mais vocês poderiam ter?

Você forçou seu corpo a perder peso? Isso funcionou bem? E quanto a ser grato por você e pelo seu corpo e convidar a si mesmo e a seu corpo para mudar e perguntar acerca do que é possível: "Corpo, mostre-me, que aparência você gostaria de ter?" Você pode se surpreender com o que ele lhe mostrará.

O que você pode escolher diariamente que permitiria a você e a seu corpo ser a energia da *sexualness*? O que expande a energia curativa, nutritiva, expansiva, orgásmica e alegre na sua vida e no seu corpo? Caminhar na praia, dançar, escrever, conversar com um amigo, tomar um banho? O que isso significa para você? E se você fizesse isso por pelo menos meia hora todos os dias? Quanto isso criaria a energia de possibilidades e de viver em todas as áreas da sua vida?

Eu costumava ser uma daquelas pessoas supereficientes, com longas listas de tarefas para cumprir todos os dias. Eu tinha o ponto de vista de que era assim que as coisas eram feitas. Eu estava frustrada, voando nos meus dias para realizar tudo na lista. Você percebe a energia quando lê isso? Não é muito divertido, é? Eu fazia as coisas da minha lista, mas minha vida não mudava. Eu pensava que se eu fizesse tudo isso acabaria melhorando minha vida. Isso nunca aconteceu.

Acrescente a isso que eu tenho TOC, o que significa que, quando faço alguma coisa, faço isso em mínimos detalhes, o que dá ainda mais trabalho. Percebi que não é assim que desejo criar minha vida, por isso exigi a mudança de mim mesma. Agora começo o meu dia perguntando qual é a energia que eu gostaria que minha vida fosse. Percebo a facilidade e a alegria, o orgasmo, nutrindo, curando, a energia divertida que estou pedindo sempre expandindo, e todas as manhãs peço a mim e ao meu corpo que sejam essa energia, para senti-la em todas as células do meu corpo. Sendo essa energia, pergunto:

O que eu posso escolher hoje? Onde posso colocar minha energia hoje que me permitiria gerar e criar minha vida como algo mais grandioso do que pensei ser possível?

Eu escolho o que coincide com a energia da vida e viver que estou desejando. Às vezes é caminhar na praia, outras vezes é conversar com alguém que me instrui e me inspira a criar algo novo... Escolher o que contribui para a minha vida e viver cria um movimento progressivo constante. Eu me pergunto várias vezes: "O que posso escolher agora que expande minha vida?" – e escolho de novo. Isso é ser a pergunta, a escolha, a possibilidade e a contribuição. Os elementos da expansão.

E se você escolher para você e seu corpo ser a energia da *sexualness*? O que seria possível para você?

Sexualness é ser como a natureza – vibrante e viva. A natureza é essa grande orquestra que brinca com as árvores, o vento, o sol, as nuvens, o oceano, a terra, tudo na mais grandiosa sinfonia. Ela sabe quando é hora de mudar e implementar a mudança com facilidade.

Apresentando esta facilidade com o ser e a mudança, você teria algum problema outra vez?

Ser sexual quando você facilita um cliente o convida a incorporar esta energia. E quanto a não bloquear mais isso? *Sexualness* não tem a ver com fazer sexo com as pessoas. É a energia que convida você e à outra pessoa para brincar novamente, para ter facilidade com a mudança e abrir mão de pontos de vista fixos que criam dor e sofrimento.

As pessoas sempre presumem que ser sexual significa fazer sexo e então só se permitem ser esta energia no quarto. Como seria tirar isso do quarto e levar para toda a sua vida? Como seria permitir que a energia da *sexualness* permeasse toda a sua realidade? Ser alegre, nutritivo, zeloso, orgásmico, curativo e expansivo dissipa a separação que você cria entre você e as outras pessoas. Não se trata mais da dinâmica especialista/professor e paciente. Trata-se de você ser você e convidar a outra pessoa a ser o que ela é.

Ser você simplesmente cria mudança

O que ficou claro para mim à medida que trabalhei com clientes na facilitação de mudança é que a técnica e a modalidade com que eu trabalho não é a fonte de mudança do cliente.

A maioria dos terapeutas tem o ponto de vista de que é a técnica deles que faz o truque. Na maior parte das modalidades há uma maneira específica, uma forma e uma estrutura em que isso deve ser realizado. O terapeuta geralmente aplica a técnica e tenta fazer isso corretamente, gastando muito tempo e energia. Há padrões e pontos de referência para fazerem comparativos do próprio trabalho, e então eles julgam se fizeram corretamente ou incorretamente, e se foram bem-sucedidos e atingiram o resultado desejado.

Eu trabalhava assim também. Eu lia muitos livros, participava de seminários a respeito das diversas maneiras de se fazer psicoterapia. Eu me encontrava em constante julgamento, com o ponto de vista de que eu não fazia bem o suficiente, que eu deveria ter dito isso e aquilo, ou que o cliente não havia obtido a mudança que ele supostamente obteria. Eu me sentia muito mal e como se estivesse falhando.

Os livros que li sobre técnicas de terapia continham esses exemplos perfeitos sobre como a terapia era conduzida e como o terapeuta sabia exatamente o que dizer no momento certo, o que demonstrava quão perfeitamente ele estava usando a técnica. Nas minhas sessões, tentava fazer o mesmo; enquanto estava com meu cliente, me recordava do que havia lido nos livros e o que o terapeuta disse, e tentava executar da mesma maneira ou pelo menos "corretamente" o suficiente, o que nunca funcionou muito bem. Meus clientes nunca disseram o que os clientes do livro disseram; eles me olhavam de um jeito engraçado e eu me sentia pior. Bem-vindo à autotortura de um terapeuta.

Depois de um ano fazendo do jeito que "deveria", eu simplesmente não conseguia mais aplicar a técnica. Eu sabia que tinha que mudar minha maneira de trabalhar. Bastava de autotortura. Em algum lugar obtive a conscientização de que existe uma possibilidade diferente que me permite trabalhar com os clientes com muito mais facilidade e alegria.

Como?

Comecei a fazer perguntas. Eu deixei de lado todos os meus pontos de vista de que existe uma técnica que cria mudanças. Perguntei aos meus clientes o que é que os ajuda e o que é que cria mudança para eles no trabalho que fazemos. Todas as pessoas que perguntei disseram que sou eu, o ser que eu sou – não o que digo, mas o carinho que tenho por elas, a maneira como escuto e falo sem julgamento; é isso que mais gera mudança para elas.

Uau! Você consegue imaginar o quanto ouvir isso mudou minha realidade? Eu sempre pensei que tinha que acertar minha técnica e que tinha que trabalhar duro e aprender mais sobre a técnica e estudar um pouco mais. Mas não. É o espaço que eu sou que convida os outros a serem e a encontrarem o que estão procurando.

Essa conscientização coincidia com o que eu sempre soube que era possível. Podemos facilitar uns aos outros para possibilidades mais grandiosas simplesmente por estar presente. Você sabe como é quando conversa com alguém que simplesmente não tem nenhum julgamento de você, que não tem nenhum ponto de vista de que você deve mudar, que é muito nutritivo e curativo. Esse é o espaço em que você é encorajado a mudar se e quando escolher.

Foi assim que criei a Psicologia Pragmática, fazendo perguntas para desbloquear a conscientização.

Quando encontro clientes, faço perguntas e incorporo as perguntas. Eu não tenho que comprar as histórias dos clientes e procuro as coisas que eles dizem que indicam onde e como eles estão se limitando. As limitações são criadas quando as pessoas escolhem a inconsciência e quando elas escolhem não estar cientes. O que verdadeiramente as limita geralmente não é o que elas pensam. A mudança ocorre não falando sobre a limitação em primeiro lugar, mas mudando a energia. Tornar as palavras a fonte da mudança é uma grande limitação. A mudança é a escolha para convidar uma possibilidade diferente. Mudar a energia e estar ciente das escolhas cria mais facilidade e expansão; isso é o que muda a vida das pessoas. Desapegar-se dos pontos de vista e julgamentos a partir dos quais as pessoas funcionam abre a conscientização sobre o que se requer para criar o que elas desejam.

Você sabe como pode falar incessantemente sobre um problema e procurar a causa e os motivos, e tudo o que você faz é criar uma história, torná-la real e aprofundar o problema. Sua energia fica pesada e você geralmente se sente errado e sem poder. Para mim, é fascinante como as mudanças devem ocorrer nesta realidade.

Observar o que expande você e sua conscientização cria uma leveza e uma facilidade em seu universo e no seu corpo, mesmo quando você se torna consciente de um julgamento negativo ou de uma atitude crítica que está mantendo.

E se você pudesse ser e saber e receber a grandeza de você? Quanto do que você considera que são seus problemas simplesmente desapareceriam e não seriam mais relevantes? Você está disposto a escolher para permitir que sua vida seja fácil e alegre? Onde você pode receber tudo, inclusive você em totalidade e não julgar nada? Quanto você gostaria de inspirar o mundo a ter uma perspectiva diferente?

Ao deixar de lado o erro de você, sua dor e sofrimento, você cria um mundo diferente. Acender as luzes da conscientização e da consciência é onde a devastação, os problemas, a dor e o sofrimento não podem existir. Você deixa de ser o efeito disso. Você é o exterminador da dor e do sofrimento; o "Caça-Dor".

Estar ciente e consciente é onde tudo na vida vem a você com facilidade, alegria e glória.

Ao ser e incorporar a consciência você elimina as barreiras de separação entre você e os outros; entre você e o que você verdadeiramente deseja.

Bem-vindo ao seu mundo. Bem-vindo ao nosso mundo. Bem-vindo à vida de facilidade, alegria e glória. Sim, é uma escolha sua.

Susanna Mittermaier

Psicóloga | Autora | Fundadora da Psicologia Pragmática | Palestrante internacional

Susanna Mittermaier é psicóloga e autora de *Ferramentas Práticas para Ser Loucamente Feliz*. Como palestrante internacional, Susanna oferece um novo paradigma em Psicologia chamado Psicologia Pragmática.

Susanna é conhecida por sua perspectiva revolucionária de facilitar a mudança. Sua abordagem pragmática convida as pessoas a escolherem o que funciona e o que gera o melhor resultado nos negócios, na liderança e nas vidas delas. Susanna Mittermaier inspira pessoas de todo o mundo a revelarem o próprio brilho e a verem problemas e dificuldades como possibilidades e escolhas potentes.

Susanna Mittermaier, uma psicóloga pragmática de Viena, Áustria, graduou-se na Suécia, na clínica universitária de Lund, onde orientava a equipe do hospital, conduzia testes neuropsicológicos e psicoterapia com os pacientes e desenvolveu uma nova abordagem para a Psicologia. Susanna descobriu como o diagnóstico clínico engloba habilidades e não deficiências, e pode ser usado como um recurso para criar uma vida melhor se for reconhecido. Ser feliz pode não ser algo que a maioria das pessoas considera tão valioso quanto ter sucesso de acordo com os padrões dessa realidade, mas elas deveriam considerar isso. Ser feliz em um mundo dedicado a problemas é uma das maiores e mais inspiradoras realizações.

Para saber mais sobre Susanna Mittermaier e o trabalho dela, acesse: www.susannamittermaier.com
E-mail: info@susannamittermaier.com

CLASSES DE PSICOLOGIA
PRAGMÁTICA

E se houvesse um paradigma diferente disponível para depressões, ansiedade, bipolaridade, distúrbios alimentares, esquizofrenia e todos os outros "distúrbios" diagnosticados clinicamente? Susanna Mittermaier, psicóloga da Universidade de Lund, Suécia, sabe que existe! Susanna tem usado há anos as ferramentas de Access Consciousness em saúde mental na Suécia e em sua prática, e tem presenciado mudanças incríveis. E se você pudesse deixar de ser normal e explorar seu verdadeiro brilho? O que está certo em você que não está percebendo? E como você pode trocar o que supostamente é um tratamento vitalício e com medicamentos por ferramentas e perguntas?

Essas classes são para todos. Pessoas que foram diagnosticadas, familiares, amigos, terapeutas de qualquer tipo, pais, professores, assistentes sociais. Todos os que estão curiosos para descobrir mais sobre as maiores possibilidades de mudança e em facilitar a mudança – e todos que estão dispostos a acessar *o que sabem*.

Bem-vindo a esse lugar que sai da dor e do sofrimento para a facilidade, alegria e glória!

Essas classes são realizadas em todo o mundo e também online. www.accessconsciousness.com/susannamittermaier